熠熠光彩的瑪雅大文明

瑪雅的智慧

林大雄　著

前言 FOREWORD

熠熠光彩的瑪雅文明

瑪雅文明是中美洲印地安先民在與亞、非、歐古代文明相互隔絕的條件下，獨自創造的偉大文明。它是哥倫布抵達新大陸之前人類最偉大的成就的最傑出代表。它在科學（天文學、曆法、工程學、數學）、農業（玉米、番茄、可可、菸草）、文化（象形文字、編年史）、藝術（雕塑、繪畫）等許多方面，都有一番巨大的貢獻。

甚至可以說，西半球這片廣袤疆域的另兩大文明——阿茲台克文明和印加文明，都不足與瑪雅文明抗衡。單舉文字這一項，瑪雅人在公元前後就已經達到了無與倫比的成熟與精緻，僅在一座金字塔的台階上就刻有二千五百餘個大字，而印加人還滯留在結繩記事的原始階段，阿茲台克人則跟在瑪雅人後面亦步亦趨、由橘變枳地模仿。

如果說，衡量野蠻與文明的最佳尺度就是看一個民族是否擁有一整套完整的文字符號體系，那麼，這一文化學理論將清楚地證明瑪雅人所達到的智慧程度。通常我們只是說四大文明古國：古埃及、巴比倫、印度、中國。但這並不是一個十分精確的科學表述。

近幾十年來，國際史學界傾向於更具概括力的「四大文明區」說法，即東地中海文明區（埃及、美索不達米亞、亞述、腓尼基、希臘等）、南亞次大陸文明區（印度及其周邊地區）、東亞文明區（中國及其周邊地區）、中南美印第安文明區（瑪雅、阿茲台克、印加）。

瑪雅文化的各個方面都受宗教的影響，這種影響一直保持到 16 世紀，由於西班牙人大規模入侵和屠殺，才告中止。

今天，人們對瑪雅文化和宗教的瞭解主要根據四個方面的線索：（一）是根據瑪雅社會殘存的建築物、雕刻、繪畫、陶器等；（二）是根據瑪雅古代象形文字記載；（三）是根據有學問的印地安人用拉丁字母書寫的瑪雅原文著作；（四）是根據西班牙征服者與傳教士的早期記述。

瑪雅文化大致可分為四個時期：形成時期；古典時期；後古典時期；西班牙占領後時期。有關瑪雅文化形成時期的資料十分缺乏，大約經歷了幾個世紀的時間。從西元 300～900 年是瑪雅文化的古典時期，特別是西元七～八世紀是瑪雅文化的黃金時代。但到了西元九世紀以後，瑪雅社會的許多古代文明中心逐漸衰落。十～十五世紀是瑪雅文化的後古典時期，西元 1000 年，伊察人的入侵給瑪雅社會帶來了許多變化。

十五世紀以後，西班牙人帶來了天主教文化。瑪雅人對天主教的反抗似乎並不強烈，而且將天主教和瑪雅宗教揉合在一起。古代的瑪雅人對神十分敬畏，他們認為神既可恩賜人類健康的身體和豐碩的收成，也可以帶來瘟疫與饑荒。在瑪雅人的心目中，世界是善與惡的博鬥，因此神也有善惡之分。

和中美洲的其他民族一樣，瑪雅人也認為世界是不斷創造又不斷毀滅的。他們認為今日的世界也有自己的末日，但一個新的世界又將開始，世事就是這樣循環往復的。在瑪雅人的想像中，地球座落在一隻大鱷魚的背上，而大鱷魚則在大洋中游蕩。瑪雅人認為，地上有 13 層天，地下有 9 層地，各有一神祇來各司其事。

瑪雅人在數學與曆法方面，有過極其傑出的成就。他們的位置計算法與零的概念，大概是人類最偉大的發現之一。在宇宙、天文方面的知識也很突出，他們對太陽、金星運轉的計算也十分精確。

瑪雅紀年法有三種方式：（一）是宗教年分 13 個月（由 1～13），每月 20 天；（二）是太陽年，分 18 個月，每月 20 天（自 0～19），另加 5 天；（三）是循環計日法，以 20～360～7200～144000 日累進，其最高循環日為 23,040,000,000 日。中美洲印地安人大多使用前兩種曆法。

瑪雅人的城市是宗教、政治、商業的中心。城市裏有梯形和金字塔形的廟宇與建築物，人們居住在茅草覆蓋的木屋裏。祭司控制著整個瑪雅人的城市生活，祭司中有官員，有學者，也有天文學家和建築師。祭司還在祭司學校中任教，課程是歷史、占卜與象形文字。

瑪雅的文明，是人類最偉大的文明之一，您可以透過本書，走進這個古老的智慧文明國度，與作者一起來一趟驚奇探秘之旅……

目錄 CONTENTS

序章
瑪雅文明

浪漫神奇的瑪雅文明

　　一切屬於遙遠的過去，無比輝煌的歷史跫音，聽上去無疑都有些神祕與羅曼諦克的浪漫氣息。而古遠的瑪雅文明（Maya civilization），則是特別地令人銷魂著魔的了。

　　它是一個謎樣般的「失去了的」文明。它的種種秘密都深隱在神秘莫測的熱帶叢林之中。在瑪雅地區尚有大量未被發現的古代城市，當某一天偶然遇見這樣的城市建築群落之時，它神妙的景觀帶給人們無比的驚訝與讚嘆！

　　瑪雅的建築物，那些金字塔、天象台、宮殿、球場、紀年碑林，還有種種各異的雕塑，無一不帶有異域情調，無一不給人離奇古怪的遐想。而一種難以破譯的象形文字體系，彷彿是艱澀而又誘人的謎面，深藏著如此之多往昔的奧秘，給我們製

造了更為玄妙的心理效果。

　　帶著某種獨特的精神效力，那些鐫刻著象形文字銘文的瑪雅碑石，自己站立在熱帶叢林的深處，靜默而莊嚴。它們的形貌使人陌生，它們的雕刻精采巧妙，它們的裝飾豐繁多樣，與其他民族的作品迥然不同、大異其趣。它們堅守在滄桑巨變的土地上，要向人們昭示怎樣的歷史呢？

　　瑪雅文明是中美洲印第安先民在與亞、非、歐古代文明相互隔絕的條件下，獨自創造的偉大文明，它是哥倫布之前新大陸抵達人類最偉大的成就的最傑出代表。它在科學（天文學、曆法、工程學、數學）、農業（玉米、番茄、可可、煙草種植）、文化（象形文字、編年史）、藝術（雕塑、繪畫）等許多方面，都有一番巨大的貢獻。

　　甚至可以說，西半球這片廣袤疆域的另兩大文明——阿茲台克文明和印加文明，都不足與瑪雅文明抗衡。單舉文字這一項，瑪雅人在公元前後就已經達到了無與倫比的成熟與精緻，僅在一座金字塔的台階上就刻有二千五百餘個大字，而印加人還滯留在結繩記事的原始階段，阿茲台克人則跟在瑪雅人後面亦步亦趨、由橘變枳地模仿。

　　如果說，衡量野蠻與文明的最佳尺度就是看一個民族是否擁有一整套完整的文字符號體系，那麼，這一文化學理論將清楚地證明瑪雅人所達到的智慧程度。通常我們只是說四大文明古國：古埃及、巴比倫、印度、中國。但這並不是一個十分精確的科學表述。近幾十年來，國際史學界傾向於更具概括力的「四大文明區」的說法，即東地中海文明區（埃及、美索不達

米亞、亞述、腓尼基、希臘等）、南亞次大陸文明區（印度及其周邊地區）、東亞文明區（中國及其周邊地區）、中南美印第安文明區（瑪雅、阿茲台克、印加）。

我們看到，埃及、巴比倫合併到了一起，它們相距不過一千公里，互相影響，共同特徵頗多，印度和中國仍居不可動搖的地位，而以瑪雅為首的印第安文明卻在人類文明殿堂上獲得了重要的「常任理事」席位。

可以說，瑪雅為首的中南美文明成為人類智慧的另一支巨大的源流，匯聚成我們這個物種曾贏得的所有光榮。可以說，今天我們已經達到了這樣的認識，研究瑪雅人的智慧成就，也就是在瞭解我們人類智慧的本身。

現代考古學已經以某些方式多少驅散了瀰漫於瑪雅世界的羅曼諦克氣息。人們不厭其詳地羅列發掘出來的瑪雅古代器物，科學頂真的機械式冷漠；對宏偉建築物作平淡乏味的鋪敘，彷彿是在討論我們今天某個施工項目；對瑪雅地區生態環境的分析討論，也似乎是某本地理學和生物學概論教材的章節；對古瑪雅人的生活方式，也是用較輕率的理論框架簡單地復原。

如此說並非指責考古學。這只是反映了目前尚不充分的瑪雅文明研究還有待於進一步展開。考古科學的方法，是我們所能利用的最有效手段；對於它不斷摧毀人們浪漫的遐想，驅散神秘的迷霧，我們非但不該抱怨，而應感到實實在在的欣喜。我們必得經過繁瑣、冷靜的客觀描述，才能掌握瑪雅文明的基本事實。只有真正掌握其基本事實，一個文明所包含的智慧才

能呈現在我們面前。

　　人們有時會有神秘主義的傾向，不知不覺地去追求某種「距離美感」。是的，當我們對瑪雅文明的基本事實一無所知時，那一鱗半爪、吉光片羽的東西，就會被我們自由無拘的個人想像力以及以訛傳訛的社會傳播效應，弄成一幅神秘兮兮、浪漫兮兮的畫卷。這時候，瑪雅金字塔形壇廟就被說成人力無法企及的「另一個世界」的饋贈，瑪雅人極高的天文、數學知識就被說成外星人帶來的福音……

　　如果我們拒絕走近瑪雅世界，拒絕真切的觀察，那麼，我們就會連「民吾同胞」（瑪雅人是我們人類驕傲的一支）已達到的智慧，當作「非吾族類」（外星人、上帝、平行的神秘世界的超自然力量）的顯靈了。

走近瑪雅

　　應當感謝考古學者、文化學者的不懈努力。他們也是受到羅曼諦克遐想的驅使，但他們卻是用科學理性的手段和步驟進入一個充滿神秘之謎的世界。他們得到的結果不是神秘感的加強，而是對人類神奇的智慧真正的禮讚。

　　瑪雅文明的神秘化是因為人們對它知之甚少。自從十六世紀西班牙征服者把它摧毀後，它的僅存碩果也只能掩埋在叢林之中、泥土之下。熱帶雨林瘋長的草木樹林不用多久便吞噬了一度繁榮昌盛的城市，這是綠色的滄海桑田巨變。

當三百年之後十九世紀的旅行家們將信將疑地踏進這片莫測淺深的綠色海洋時，瑪雅文明似乎已成了神乎其神的久遠傳說了。我們今天已經十分瞭解的古代瑪雅保存最完好的遺址蒂卡爾城（Tikal），在一八四八年時還一無所知。當年有個叫莫德斯托・門德斯的探險者苦苦搜求這座傳說中的神奇城市，結果無功而返；直到一九五五年，美國一百多名考古專家經瓜地馬拉政府同意前往考察發掘，這座 130 平方公里、佈局十分合理、科學的古代瑪雅城市才重見天日。

經過長達十四年的艱苦發掘，清理了五百多個建築，成噸的文物，才從逝去的往昔找回一座神奇的城市。考古學家──「住棕櫚茅屋、睡吊床、吃瑪雅人的食物（玉米小餅、豆類），從瑪雅先民設計建造的水庫裡汲水，用斧子、短刀砍去樹枝，清理場地，然後觀察、攝影，為那些依然完好的金字塔、祭壇和道路繪製圖樣，並把所發現的物品進行登記。」

單在城市中心區就有大型金字塔十餘座，小型神廟五十餘座。這座城市從公元前六世紀起就建有金字塔壇廟建築群，延續的時間長達一千六、七百年左右，直到公元十世紀才因某種緣故突然由盛而衰，變成了廢墟。（參見本書〈謎一樣的消逝〉一節）

這座典型的瑪雅城市在八世紀時至少有四萬多人口，按照文化學家的某種定義，人口達到五千就算文明城市的指標之一了。當時的蒂卡爾居民有著複雜的社會關係，這從家庭住宅的佔地、形式等方面可以得到說明。遺址中發現的文物種類繁多，包括公元前六世紀使用過的煤塊！包括瑪雅人最先用於宗

教目的而後成為近代橡膠工業技術靈感的樹膠！還包括來自太平洋和大西洋的貝殼以及貝殼包藏起來的墨西哥產綠寶石這樣的遠來貢物（從古瑪雅政治上著眼）、珍寶（從古瑪雅經濟貿易交流上著眼）！還包括古代瑪雅社會生活、生產勞動、藝術創造等集中體現的實物證據——石器製造匠、陶器生產者和雕刻藝術家的石刻人像……像這樣的城市在瑪雅地區還發現了不下百座。

　　古瑪雅先民是實實在在地存在過的一群！他們用自己的智慧和血汗，創造出既現實又神奇的生活樣態。他們不是蒙昧的蠻夷土著，當然也不是外星來客；他們是以人的才智創造人的業績的瑪雅人。這就是考古學家打破科學與神秘的情結所能給予我們的基本事實。以這樣的眼光，我們走近瑪雅，看到了瑪雅先民不朽的大智慧！

嚮導如是說

　　要走進如夢如謎、雲裡霧裡的瑪雅世界，走進它的領地和歷史，是不是先應聽一聽嚮導的介紹。本書試圖勉為其難介紹一下走進迷宮的規則，其說如下：

　　瑪雅地區地處中美洲（Mesoamerica），西臨太平洋，東瀕大西洋的墨西哥灣和加勒比海，北部是突出的尤卡坦半島（Yucatan Peninsula），西北向與東南向分別通過墨西哥和中美諸國的兩條狹窄的陸地與北美洲和南美洲連接。

用現代政治國家疆域來劃分瑪雅文化地區，那麼，瑪雅地區包括了墨西哥（Mexico）東南部及尤卡坦半島上的幾個州、半島東南部的伯利茲（Belize，英屬洪都拉斯）、居於瑪雅腹地背靠太平洋的瓜地馬拉（Guatemala）、通往中南美洲走廊上的洪都拉斯（Honduras）。

這一地區總面積 125000 平方里，也就是約為 320000 平方公里，相當於統一以後的德國、或者英國加上愛爾蘭，或者中國的安徽省、江蘇省和浙江省三省總和。但是，這個一般的瑪雅疆域說法，也會稍有擴大。

據埃菲通訊社馬那瓜（尼加拉瓜首都）一九九二年九月二十三日報導，在尼加拉瓜（Nicaragua）中北部地區，發現了六座隱藏在鬱鬱蔥蔥叢林覆蓋的小山裡的瑪雅金字塔。這個金字塔群排列呈字母「L」形，其中最大的金字塔長 52 米，寬 32 米，高 4.5 米。如果這個金字塔群確實屬於古老的瑪雅文化，那麼尼加拉瓜的歷史也要被改寫，它也進入瑪雅世界了。從發現金字塔群的聖拉斐爾地區（馬那瓜東北 250 公里處）到以往認定的瑪雅文化東界——洪都拉斯的科潘（Copan）遺址，有大約 400 多公里。這就使瑪雅地區擴大了許多。

但是，嚴格地說，中美洲各文化呈犬牙交錯的態勢。瑪雅文化在瑪雅地區西南也有著一條狹長地帶是與墨西哥文化共享的過渡地帶。並不能因此而擴大瑪雅地區的疆界。這裡最困難的是，並不能把文獻上的根據與考古證據完全統一起來。這一地區的各個組成部分，在文獻資料上並不等量齊觀，即使是在西班牙人統治時期，關於偏遠地區的信息報導也特別貧乏。而

要找到西班牙人到來之前的資料就更是困難重重了，許多反映在歷史文獻中的特有的瑪雅文化特色，並不容易在考古發掘中得到揭示。

無論如何，古代中美洲從未有現代政治國家那種嚴格劃分的疆界。邊疆地帶的變遷是漸進式的而不是整齊劃一、一刀兩斷的，結果是一組存在差異的文化源頭鑲拼雜湊在一起。這就是文化地理上的「馬賽克」（模糊空間）。

從歷史的角度看，沒有任何一條理由可以假定中美洲的瑪雅文明與其鄰居之間有著一成不變的邊界。相反，種種跡象都表明：它們在時間長河中經歷了持續不斷而又無比巨大的改變。無論政治還是經濟和社會甚至氣候和環境上的面貌，都發生了許多變化。

在我們今天通常意義上所說的瑪雅地區，大致可以按地形、氣候、植被的類型不同，劃分為三大塊，由南向北依次是高地、低地和平原。

〔高地〕由沿太平洋的高山組成，在今瓜地馬拉，海拔高處較為寒冷，覆蓋著松樹。現在還居住著近 200 萬瑪雅遺民，據信在四、五千年前就產生了最早的瑪雅農業文明。

〔低地〕是以佩騰湖為中心的流域盆地，也包括一些周邊谷地，南部是一大片草地。在雨季，許多湖泊可以連成一片。在盆地外谷地的山坡上森林茂密，有著古代瑪雅人的石頭城市；這一帶物產豐富，幾乎可以找到所有的中美洲作物品種和野生動植物。整個地區溫暖濕潤，雨季較長，旱季降水也不少。石灰岩是較好的建築材料，另外還產花崗岩。可以說，古

瑪雅巨石建築的三個必備條件（石器和木質、纖維等建築工具，石灰，做沙漿用的礫石）在這一地區都具備。最早的瑪雅石建築群烏夏克吞（Uaxactun）城在此發現，這裡是瑪雅文明古典時期的中心。

〔平原〕由南向北，逐漸過渡到平原，高大的樹木變成低矮的灌木叢。腐殖土較淺，到處可見裸露的天然石灰石，地表水極少，幾乎沒有湖泊、河流，氣候非常乾旱。瑪雅後古典時期文明中心，如奇岑伊扎（Chichen-Itza）城，依靠天然蓄水穴井。這一大片地區大約公元五世紀才開始從東部移來瑪雅文明，繁盛期約在十至十四世紀。

瑪雅地區的自然地理環境異常豐富多彩，從霧氣濛濛的熱帶叢林到靠近沙漠的谷地到寒松覆蓋的高地，無所不有。如果更貼近地觀察，那麼，即使是乍看無法打破的低地叢林地帶，也還是能夠分解為氣候、地誌、植物和動物不盡相同的碎片。

這樣的自然生態給瑪雅文明提出了許多生存和發展的課題。瑪雅先民適應自然、利用自然的結果，就是創造出了多姿多彩、不同凡響的瑪雅文明。

誰是瑪雅人

既然瑪雅地區並不能十分嚴格地確定，那麼，它的主人呢？誰是瑪雅人？

傳世下來的雕刻、繪畫作品中，瑪雅人都有著誇張的面部

特徵：扁平額頭、鷹鉤鼻子、厚厚的嘴唇。今天的瑪雅遺民雖說也略有這些特徵，但決不那麼鮮明。他們是相貌不錯的蒙古人種（Mongoloid），但與他們的中美洲鄰居並沒有太多的生物學差異。所以，沒有必要過多去研究他的身高、肩寬、臂長、顱指數、血型之類的項目，在這些方面得不到直截了當的「血統證書」。

瑪雅人是按著他們的語言來定義的。在今天，仍有數百萬人說著他們祖先的語言。儘管瑪雅語族系眾多，這是多樣的地理環境使他們分處各地導致方言變異的結果，但是統一的瑪雅語族無疑是他們最好的種族和文化的紐帶。說瑪雅語的人可能正是這一地區最早的定居者，作為真正的主人，他們在這塊領地上留下了數千年文明遺跡。從文化的統一性來看，沒有任何證據表明曾有任何其他民族控制住這一地區。即使是十六世紀西班牙人征服以後，除了少量殖民城市據點之外，近乎五百年的殖民統治也未能改變這一事實：說瑪雅語的人民佔據著這塊土地的大部分地區。

這一群瑪雅人從古到今都在這裡繁衍生息。他們的語言和他們的文化部保持了相當程度的穩定性。他們是很特殊、很不簡單的一群！

在瑪雅地區的西界，原墨西哥阿茲台克文化地區，早就被大西洋對岸來的歐洲「文明人」給「文明化」了。在瑪雅地區的東界，今洪都拉斯以東的地區，當地土著文化也沒能像瑪雅人那樣較成功地抵擋住歐洲人的文化衝擊。瑪雅人儘管在政治版圖上從屬於殖民統治（他們的文化傳統中，比較缺少國家疆

域概念，較能容忍外來人建立互不相擾的殖民「飛地」（飛地意指一個地區的土地被另一個地區土地部分包圍之意），從前他們各部族間就是這樣做的），但是，在文化上相當頑強地保留自己的傳統，從語言到宗教。除了那不可搬走的城市被毀壞以及無法抗拒的軍事壓力下的經卷被焚、祭司被殺以外，留在他們頭腦中的傳統觀念，留在他們唇齒間的語言、傳說，都與他們民族的生命相始終。

就是到今天，假如我們走進西班牙人強制推行天主教而到處建立的教堂裡，我們將會經常看到這樣的場面：天主教牧師冷清清地坐在他的講壇邊，而瑪雅「教民們」卻熱鬧非凡地在另一邊焚香禱告，默念他們世世代代信奉的天神、雨神、羽蛇神等等神靈的聖名，一派「異教徒邪教」色彩！這就是有著悠久文化傳統、輝煌古代文明的瑪雅人。

瑪雅先民在這裡已經至少有三、四千年的文明史。今天我們所說的中美洲所有古文化的共同源頭奧爾梅克文明（Olmec），其實就是瑪雅文明在那個較早階段的代稱。這好比我們說仰韶文化、河姆渡文化、紅山文化一樣的意思，它們正是中華文化在上古的一種名稱。奧爾梅克在公元前 1150 年已達到相當高的水準，在拉文塔（La Venta）等遺址，祭祀中心的祭壇、雕像等實物證實，當時奧爾梅克人的社會結構非常複雜，他們的文明成果直接由瑪雅文明和阿茲台克文明接續下去。

其實，創造這一地區偉大文明的先民們，自己並不知道自己在今天被叫作「瑪雅人」。

瑪雅這個稱謂乃是近五百年的產物。十世紀以後，尤卡坦半島上有三個強大的城邦，其中之一叫瑪雅潘（Mayapan），它曾一度成為尤卡坦北部最具政治主導力的中心。在十二世紀至十四世紀它的黃金時代之後，正巧來了西班牙人。是西班牙人把這個城邦的威名加在整個瑪雅地區的頭上，這才有了瑪雅地區、瑪雅民族、瑪雅文明的提法。這與我們中國人叫「漢人」，中國地區叫「支那」（秦帝國的音轉），移民地區則叫「唐人街」其實是一樣的。

　　所以，在廣泛的意義上說，這一地區的一切文明成果都可以叫作「瑪雅文明」。而有時候，人們囿於概念，又把奧爾梅克人和瑪雅人作了過份的區分；甚至有時只把公元三至九世紀瓜地馬拉低地的古典文明視作「真正的」瑪雅文明，把這一地帶文明的衰落和轉移稱作「瑪雅文明消失」。

　　一般說，瑪雅文明經歷了幾個不同的階段，每個階段在瑪雅地區裡有明顯不同的地理分佈，大致是由南向北遷移。公元前一千年或可上溯至前三千年，直到公元後三世紀，這是瑪雅文明的形成期；公元三世紀至公元九世紀末，是瑪雅文明的古典期（Classic Period，又稱古王國時期，Old Empire），這是一個全盛期，主要集中在中部低地，在巔峰階段突然衰落；公元十世紀至十六世紀初，後古典期（Postclassic Period，又稱新王國時期，New Empire），集中在尤卡坦北部平原，因西班牙人入侵而告中斷；十六世紀後就是殖民統治時期，瑪雅文化受到嚴重摧殘，瑪雅民族大部避遷偏遠地帶。

　　以上是瑪雅人文化軌跡的一個基本框架。對古典期、後古

典期這類術語稔熟，將有助於瞭解瑪雅文明和瑪雅人。

對我們今天來說，瑪雅人又是哪些人呢？根據語言族系和地理分佈，大致分為以下幾部分：

（一）尤卡坦瑪雅人，居住在墨西哥的尤卡坦半島，並擴展到伯利茲北部和瓜地馬拉東北部；

（二）拉坎冬人，人數很少，居處在墨西哥南部烏蘇馬辛塔河與瓜地馬拉之間的邊境地區，一小部分居住在瓜地馬拉和伯利茲；

（三）基切諸民族（凱克奇人、皮科莫西人、波科曼人、烏斯潘特克人、基切人、卡克奇克爾人、除圖希爾人、薩卡普爾特克人、西帕卡帕人）居住在瓜地馬拉東部和中部高地；

（四）馬姆諸民族（馬姆人、特科人、阿瓜卡特克人和伊西爾人），居住在瓜地馬拉西部高地；

（五）坎霍瓦爾諸民族（莫托辛特萊克人、圖贊特克人、哈卡爾特克人、阿卡特克人、托霍拉瓦爾人和丘赫人），居住在瓜地馬拉韋韋特南戈省及相鄰的墨西哥地區；

（六）佐齊爾和策爾塔爾諸民族，居住在墨西哥南部恰帕斯州；

（七）喬爾諸民族，包括恰帕斯州北部和塔瓦斯科州的瓊塔爾人和喬爾人以及瓜地馬拉東端的喬爾蒂人；

（八）瓦斯特克人，居住在墨西哥韋拉克魯斯州北部及其相鄰的聖路易斯波托西州。

——這是我們今天還能見到的瑪雅遺民。在拉美文化一體化的巨大壓力之下，但願他們能夠長久地生存延綿下去，作為他們光榮祖先的見證人。

Chapter 1
瑪雅人生

人生彩排

　　直到現代，在尤卡坦半島的瑪雅人仍然盛行著一種古老的儀式，土著們叫作赫茲梅克（hetzmek），即在抱嬰兒時第一次托著嬰兒的臀部。這一儀式的淵源相當古遠，而且在瑪雅的人生儀典中，完全具有與洗禮和青春期儀式同樣的重要性。

　　有關瑪雅人這一抱拷嬰兒臀部的儀式，資料簡略，也沒有特別的闡釋。我想它的文化功能大約與洗禮與青春禮是同價的。初生兒受洗，可能有西班牙統治時期強制推行天主教儀禮（包括洗禮）的影子，其意義是對獲得新生命的確認；而青春禮，即成年禮的文化意義在於一種「社會出生」，嬰兒降生僅僅是人生之前的準備階段，直到青春禮儀之後，一個人才真正從社會意義上「誕生」了。赫茲梅克儀式的一個要點是抱持嬰

兒的臀部，這大概是重要的暗示。摟抱的嬰兒處於躺臥的體姿，而抱著臀部就使嬰兒坐立起來。雖說還沒有成丁「而立」，但卻已是坐立，是對人生而立的一次彩排，寄予了上一代人對下一代人的殷殷期待。

這個儀式舉行的時間，更是證明了文化隱喻的性質。按瑪雅古老遺俗規定，赫茲梅克儀式當在女嬰三個月時舉行，男嬰則在四個月時舉行。

三個月或四個月的不同，據說是因瑪雅人的爐火邊有三塊石頭，象徵著婦女在家中的活動範圍；而玉蜀黍這種瑪雅基本農作物的農田有四個邊角，象徵男子在田裡的活動範圍。這就是女三男四的意義。

由此不難看出，在女嬰三月、男嬰四月所舉行的赫茲梅克儀式，是對孩子未來人生進行彩排的象徵。瑪雅人希望這個「坐立起來」的儀式預演男嬰、女嬰未來的人生職責，把一種文化貫徹到未來時空。

通常在這一儀式中，有一對教父教母——丈夫和妻子。即便只有一個，那就得由男人主持男嬰的儀式，而由女人對一個女嬰，儀式開始時，桌案上擺放著九種不同的物件，這是孩子將在以後的人生活動中使用的東西的象徵，數字之所以為「九」，大概也和中國古人以九數為極大限類似吧。對男孩來說，是一本書、一柄彎刀、一把斧子、一把錘子、一條刺槍、一根播種掘土棍以及其他將會需要的物品；對女孩來說，則是針、線、扣針、瓢、烙玉米麵煎餅的鐵盤之類的物品，通常是她的性別範圍內所需要的東西。

男嬰的親生父親把孩子鄭重地交到教父手中，教父則把孩子托抱在自己的左臂上，走近桌案，挑選九件物品中的一件並把它放到孩子手中。然後，教父一邊托著孩子繞桌案行走，一邊告誡孩子物品的用法，比如他可能會念叨：「你現在從這兒拿了書本，帶走吧，這樣你就能學著閱讀和寫作了。」

他繞著桌案走九圈，每一次都選擇九件物品中的一件交到孩子手中，同時「教授」孩子這一物品的用途，他把玉米粒放在物品之間，每走一圈就取走一粒，以此來記住走了多少圈。然後他把孩子轉交給教母，教母又重複上述這些動作。她記往繞桌案圈數的辦法是借助於預先放在桌上的九顆葫蘆籽，每走一圈後就吃掉一顆。隨後孩子又被交還給教父，再由教父把孩子還給生父，說：「我們已經給你的孩子做完赫茲梅克了。」孩子的生父、生母跪在教父、教母面前以示謝意，贊禮者在一旁就把食物、甜酒、燒雞和煎餅奉獻給教父、教母。於是，這個儀式也就圓滿完成了。

現代瑪雅人由教父、教母完成的使命，過去恐怕是由瑪雅祭司履行的。儘管摻雜了天主教的色彩，但是瑪雅人古老傳統還是頑強地自我表現出來。要理解瑪雅赫茲梅克的實質，非得聯想到美洲印第安人數萬年前有著亞洲祖源這一文化背景。或許古代中國的「抓百歲」和古代瑪雅的赫茲梅克竟是同一文化觀念源頭的不同變體呢！

請看「抓百歲」（亦稱「抓周」），那是在孩子出生滿百天（三到四個月之間）或一週歲時進行的儀典。宋代釋文瑩所著《玉壺清話》卷一記云：「曹武惠彬，始生周晬日，父母以

百玩之具羅於席，觀其所取。武惠左手捉干戈，右手取俎豆，斯須取一印，餘無所視。後果為樞密使相。」

曹彬是宋初大將，後封贈武惠王爵號，他週歲時，自己從百式各樣的小玩藝兒中偏獨抓取了干戈、俎豆、官印這幾樣。干戈是兵戎之器，俎豆是祭祀的禮器，所謂「國之大事，在祀與戎。」（《左傳》）這可不了得，而官印更是自不待言。曹彬抓了這幾樣東西，等於是彩排了他未來人生的輝煌，預演了他官至主管軍事的宰相的威風。這雖說是迷信，但卻反映了一種文化觀念，至少顯示了望子成龍的天下父母心。《紅樓夢》中那位賈寶玉，不就是抓了胭脂而惹得他老爸賈政對他老大不高興嗎？

中國式的「自抓」，多了點預卜的色彩；而瑪雅人的「代挑」，則強調了上一代人的願望。而其作為未來人生的預演、彩排，卻有著類同的文化心理。無論中國、還是瑪雅，文化中都規定了男女兩性的性別規範導向，而這種規範導向就是由具體物品來喻指和象徵的，正像前面我們開列的那些瑪雅用具、物品那樣。中國人生兒子叫「弄璋」，生女兒叫「弄瓦」，玉璋的形狀類似劍，而瓦大約是磨碾穀子所用或貯水存糧的陶器，完全可見初民時代男女的社會分工。弄璋、弄瓦就其淵源說，正是在大談人生、社會、文化呀！

文化在代際傳遞，一代又一代。穩態的傳統社會總是十分自信地敢於斷言未來世代的生活面貌，上一代人可以完全看得見下一代的人生。瑪雅人整體的宇宙觀、輪迴時間觀以及無所不在的神靈信仰，使他們的祭司（教父）敢於自信地代為下一

代「挑選」，並彩排下一代的人生。相對而言，更成熟進步些的古代中國文明，就略有不同，他們雖然也不無自信地擺出了「百玩」放在孩子面前，但孩子的未來卻要讓他自己來抓。

我們現代人生在一個日新月異的時代，誰能有「彩排人生」的文化自信，又怎知明天「百玩」都是些什麼玩意兒呢！

八字與命名

中國人很看重生辰八字，以為在那天於地支的排列之中透著人生的要義、命運的軌跡；中國人也很看重姓氏筆劃、數理格局的命名學問，以為這種後天賦予的稱謂、名號能補先天命相之不足。缺水的取名「淼」，缺金的取名「鑫」，不一而足。為什麼呢？這些看似荒唐的觀念和做法，其實無非是人們對自己命運的關注和對後代的眷愛。

瑪雅人深愛孩子。我們從今天的瑪雅後裔身上還能看到對孩子的一片愛心。瑪雅婦女對孩子的未來寄予相當大的希望，她們常常帶著貢品去向神靈祈禱並詢問孩子的情況。為了懷孕，婦女向祭司求助。祭司則為想要孩子的婦女祈禱，並在她的床鋪之下放置一個「製造孩子的女神」（Ixchel，懷孕與生育女神，伊希切爾）的偶像。

肩負著上一代人沉重希望的孩子一出生，他（她）的命運卻似乎已經注定了。

從搖籃到墳墓，古代瑪雅人的生活都是由他們的宗教信仰

決定的，或者說，也是由祭司（占卜家、預言家，或者中國式的說法叫作算命先生）來解釋的。事實上，每個瑪雅人的人生的各種儀式的樣式，早就根據其人碰巧降生的那個日子決定了；即是由他生日偶然落在卓爾金曆日（二六〇日周期的祭祀曆）的某一天，而因緣隨機地預先注定了。

在瓜地馬拉高地的卡克奇凱爾人（Cakchiquel）中有一種信仰，認為一個人的出生日期注定了他的性情和命運。這是因為與那個日子相聯繫的神靈就與他直接掛上鉤了。一些神靈會善待這個人，而另一些神靈則會敵視他。

這種信仰固然較多神靈崇拜的色彩。但是，現代人似信非信、既好奇又好玩的「生肖與命運」、「星座與人生」的遊戲，豈不異曲同工嗎？我們今天的文化自詡為「現代」，然而，許多人仍對出生的生辰八字與獅子座、天蠍座或龍年、虎年的對應關係大感興趣，這其中不難看出人的某些永恆的願望。由此再倒轉回瑪雅人的世界，原來他們離奇的信仰也有著和我們相同的文化心理基礎。

瑪雅人認為一個人的名字必定與他出生日（也包括生日那一天當值的神）有關，所以，他的命名是自動地拼合起來的。例如，Hunimox 就是與 Imix 日有關的拼合。當然，這種做法很早就消失了。

常見的做法是一出生就由祭司給孩子起個名，這個名字將伴隨他整個童年時光。命名的同時也是祭司給孩子預卜命運的時候，他甚至有可能因此被選中侍從祭司，接受職業秘授。命名活動不僅包含社會中上一代人對下一代人的希望，而且還隱

含了文化上其他許多功能。

　　瑪雅人通常有三個不同的名字，有些人甚至還有第四種。

　　（一）paal kava，即起名，一出生即獲得，如同約翰、瑪麗、小寶、珍珍一樣。但是瑪雅人有一種區分性別的方法，男孩通常在動物名、鳥類名、爬行動物名、樹名等等之前冠以「阿」（Ah），如阿豹 Ah Balam、阿羽 Ah Kukum、阿西 Ah Itzam、阿喬 Ah Dzulub；女孩名字前則冠以「細」Ix，如細坤 Ix Can，細庫庫 Ix Kukul，細納浩 Ix Nahau 等等。

　　（二）父親家族的姓氏，這和史密斯、瓊斯或趙、李、歐陽同性質。男孩或女孩長到可以成婚的年齡，要舉行青春儀式，這與中國古代男子 20 歲行冠禮，女子 15 歲行笄禮一樣。在青春儀式上，孩子們獲得父親姓氏；在中國，男子擁有了「表字」，成為成年歲月中他人稱呼的用名。

　　（三）naal kaba，也即是父親和母親兩個家族姓氏的組合，很像英語民族加連字符的姓氏：史密斯─威廉姆斯，結婚以後使用。某人的婚後名包括父親家族的姓氏以及母親婚前娘家帶來的外祖母的姓氏；也就是說，女性的姓氏是通過一代一代的女兒傳下去的。這很能見出瑪雅社會過去實行族外婚的風俗。這些姓氏通常是動物、昆蟲、鳥類、植物的名稱，比如美洲虎、蛇、虱子、樫鳥、煙草、可可豆之類。

　　（四）coco kaba，意思是綽號。往往根據某個人的個人特點而獲得，像我們常用的「小個子」、「胖子」之類。瑪雅人 Ah Tupp kabal，這名字意指「聲如雷震的人」；Ah Xochil Ich 意指「貓頭鷹面孔、貓頭鷹眼睛」。

不同的名號能起到不同的社會功能。在人生各階段獲得不同的名姓，本身就意味著人生活動的重大轉折、人生職責的重大加碼。如果說生辰八字顯得有些玄虛的話，人生中的命名活動，倒是具有更為實在的文化意義。

又是三綱五常

要瞭解一個社會，那麼，瞭解一下其內部兩種性別之間關係，大概最有助於獲得真切的感受。在男女關係上，一個社會會把它開化、文明的程度準確反映出來；社會的經濟生活、人際關係、道德倫理各方面也都具體化地呈現在觀察者的面前。

總體上說，瑪雅男性居於絕對的優勢地位，男尊女卑，無可爭辯；婦女被禁止參加宗教儀式，不得進入瑪雅廟宇。這大概是由於初民社會男女兩性分屬不同的社團，各自有其秘傳的教義、規則、權益、神靈。不少文化人類學家對此已有論述。

瑪雅婦女不許在街上正視男子，相遇時必須側肩而過。這也許是「兩性戰爭」（借用一下六〇年代法國女權主義者的語彙）的結果，是主宰與臣服的象徵。至於男女不同食，雖說不能完全比附於古代中國的「男女七歲不同席」、「授受不親」等等，但是，其本質還是相通的。

社會要以一種最為日常的活動來確立並日復一日地強化男尊女卑的觀念，無論是瑪雅人也好，中國人也好，都自覺不自覺地這樣做了。無論輩份如何，性別從整體上區別了等級地

位，這是一種團體的地位。從男人們先行就餐的順序可以看出，不僅長輩在先，即父親先於女兒，平輩間兄先於妹，而且不同輩份之間也同樣如此，兒子先於母親，弟先於姐。家中男性成員心安理得地接受女性的服侍，訓練、培養了整個社會的綱常倫理。

小男孩從小就懂得了自己的性別角色，小女孩也潛移默化，受到了性別角色教育，以使她們長大後順應整個社會男尊女卑的關係結構。吃飯小事，竟然是關乎社會結構秩序的大工程，文化機制的巧妙正在此處。關於這一點，讀者諸君不妨參看本書〈洗澡洗出法律〉一節，那洗澡比吃飯更見奧妙。

著名的瑪雅文化研究專家莫利（Sylvanus G．Morley）曾經說過：「兒童的培養，更多的是靠他們自己順應那套複雜、精心策劃的社會實踐的願望，而不是靠苛刻死板的規矩。」❶他實際上已經從瑪雅人的兒童教育中，隱約看到了一種文化塑造上的智慧。

由於瑪雅文獻的缺乏以及多數文字尚未破譯，我們無法知道瑪雅先民對他們的倫常秩序做了怎樣的理論表述；然而，我們僅就今天瑪雅部落遺民們的行動模式，也可約略地想見他們的「三綱五常」。

「父為子綱，夫為妻綱，君為臣綱」，這樣的說法可能讓現代社會充滿新思想的人們大倒胃口。然而，我們不能採取非

---

❶　莫利：《古代瑪雅》（The Ancient Maya），美國加利福尼亞史丹福大學出版社一九四七年版，第 32 頁。

歷史主義的觀點看待人類文化的歷史，否定那些曾經存在過的社會價值和行為規範的合理性，否定其推動人類文明的巨大作用。如果耐心並尊重瑪雅人曾經創造的一切，我們會發現，他們是以巧妙的方法實現社會人羣的整合。

如前所述，他們擺平了兩性間可能的不平衡衝突，不露痕跡地鞏固了社會倫常的成果。可以如此說：他們不十分嚴苛地對待身上，卻有辦法把社會精心設置的倫理觀念灌輸給他們的孩子。當一個男孩長到四、五歲時，也就是現代精神分析大師弗洛伊德特別強調的那個年齡階段，父母就要在他的頭髮上繫掛一個白色小珠。這似乎沒有什麼特殊意義，其實不然。不要小看這小小的掛珠，它在孩子頭上晃來蕩去，時不時地敲打著孩子的腦袋。尤其是當孩子異乎尋常地鬧騰時，這種輕柔的「敲打」該會變得十分劇烈。我猜想，這是不是一種訓誡的隱喻手段呢！也許時間已淡化了它的功能本意，但是，這種「敲打敲打」的文化訓誡功能是可以想見的。如若不信，讓我再舉出幾句太平洋對岸的經典來參證。

中國的《詩經‧衛風‧渭陽》曰：「淇水在右，泉源在左，巧笑之瑳，佩玉之儺。」注曰：「儺，行有節度。」也就是佩掛的玉飾能使人舉止有節。再舉更明白點的例子，《禮記‧玉藻》云：「古之君子必佩玉，……趨以採齊，行以肆夏，周還中規，折還中矩，進則揖之，退則揚之，然後玉鏘鳴也。」也就是說，君子（在若干含義中也包括「上層人士的子弟」這一意義）集中注意力於身上所佩掛的玉飾上，這樣必須按照一定的規矩，有禮有節地動作，才能使玉珮按一定節奏發

音。別人可以根據玉珮相碰發出的聲音，察知君子是否有禮有節、合規合度；君子本人則用玉珮鏘鳴之聲驅除非僻之心。

我們從中可以看出，瑪雅人的掛珠在起源上當有類似的功能。他們曾經在孩子一出生時就懸掛小珠，使孩子（當然也是貴族的孩子，君子之類吧）變成「全神貫注」的內斜視（對眼兒、鬥雞眼），這可以參看本書〈美麗的扁頭‧高貴的斜眼〉一節。這回他們故技重演，在這個「三歲看老」的人生關鍵期，給孩子頭上拴上「敲打」的小白珠。想必這小白珠能夠限制頑童縱性縱情的鬧騰，極為微妙地讓男孩們在意這頭頂上朝夕不離的小玩藝兒，從而從心理機制上造成一種對內心衝動和不平靜進行克制的傾向。真是高招，虧瑪雅人想得出。

對付女孩兒也有一套辦法；當她們達到同樣年齡時，就要在她們腰間紮上一根繩子，上邊垂掛著象徵其貞操的一枚紅色貝殼。這其中隱含的意味，自然不言而喻了。

在青春期儀式到來之前，要是取下了這兩樣東西，那就了不得；尤其是女孩兒摘下貝殼，那會被視為奇恥大辱的，父母對此非常在意。

家庭中這些細微的潛移默化，保證了瑪雅人的社會道德倫常觀念的內化。四、五歲是兒童性格形成的關鍵期，這時候形成的一套基本心理反應模式會影響一生，決定他（她）成年經驗的輪廓。不僅個人，整個民族的命運都是在家庭這個狹小舞台的限制內決定的。一般說，瑪雅母親們非常親撫她們的孩子，總是喃喃地對著嬰孩講兒語。這或許就是瑪雅人總也擺脫不掉保護神觀念的心理起因，他們總是渴望神來親撫、眷顧他

們，理解他們的處境，滿足他們的願望。這已經引發到瑪雅社會意識形態的高度了。

有時，不得不對孩子體罰，母親總是不參與此事。父親的懲罰，大概有助於孩子們「切身」體驗男性在社會、家庭中的權威，這對一個男尊女卑的社會結構無疑是十分必要的。「父嚴母慈」，這個理想的家庭內部搭配，大概對瑪雅綱常倫理的確立與鞏固極有助益。

瑪雅的家庭中，大孩子不僅被要求來照顧年幼的弟妹，而且他們也在對弟妹具有權威方面得到肯定。年輕的家庭成員對年長者的尊敬是根深柢固的。父親是無可爭議的一家之長，沒有他的首肯，什麼也做不得；當然，母親也同樣受尊重。這是什麼？這就是長幼有序，這就是中國古人所注重的「孝」和「悌」，這就是現代西方大學者賴希（Wilhelm Reich）所指出的：「（家庭是製造）順從動物的工廠。」

假如沒有這種來源於童年經驗的綱常倫理，假如沒有這種「順從」，那麼也就沒有瑪雅人想必極為完美的社會組織體系，進而也就無法想像這些缺少現代機械設備的人們能夠通過齊心合力，有組織的勞動來完成諸如宏偉的金字塔、壇廟、巨石碑等人類文明的輝煌記錄。

瑪雅人的「種姓」

瑪雅人的聚居點有完善的道路、公共建築等設施，但大部

分雅瑪人卻都居住在城外的村落裡。城裡一般只有祭司、首領等不直接參與農業生產的統治階段居住。他們的飲食依靠各村鎮的進貢。

我們知道印度有個種姓制度，將人依據姓氏分為四種：首陀羅是奴隸，他們存在的唯一目的就是服務於其他三個種姓。婆羅門據說出生於原人的頭部，地位最高，具有神的力量；他們在社會中行使祭司的職能，講授經文，主持祭祀。剎帝利出生於原人的肩部，擁有皇權，同時也是戰爭的主力。吠舍出生於原人的腿上，天生應該從事具體生產，然後以稅貢形式尋求神的護佑、首領的保護。各個種姓集團大小不等，一般都在萬人左右。但他們並不分別聚居，而是分散於各地，滲透在社會中各司其職。

其實，這種劃分人口的方式在南亞各國的印度族居民中都有留存。種姓的劃分不僅借助於嚴格的婚姻，保持血統的純正，並且借助於社會職業的固定化，維持社會等級的穩定。比如，個人或羣體的聖潔、高貴，逐級提高。一些被認為具有污染性的職業，如與已死的動物接觸（如製革工），或與身體的排泄物接觸（如洗衣工、理髮師和廁所清潔工），都由低級種姓的人去幹。

每個社會都有維持社會等級差別，控制社會內部混流、衝突的機制。一般而言，父親和兒子所處的社會地位（經濟、政治、受教育程度）都不會相差太大。即使在高唱民主，鼓勵從平民到總統的今日美國，社會階梯上的躍升也是極個別的。

瑪雅人沒有種姓制度，但其人口也大致可分為四個羣體。

而且這些羣體的內聚性較強。瑪雅社會為維護這種文化分層，對各個羣體人的血統、職責、俗規作了明確的規定——保障位高者的凌駕，杜絕位卑者的僭越。

這四個羣體是：貴族（almehenob）、祭司（ankinob）、平民（ah chembal uinicob）以及奴隸（ppencatob）。

貴族包括王（halach uinic），即真人，和村鎮首領（batab），以及更低級的頭目。batab 管理村鎮事務。他們雖然是由真人指定的，但基本上都來自一個世襲的貴族羣體。almehenob 這個詞在瑪雅語中的意思是「有父有母的人」，他們被認為是天生的領袖。他們在真人面前受過考問、接收象徵權柄的憑證之後，就返回各自村鎮行使司法權和行政權。在戰爭期間，batab 是本村本鎮戰鬥力的組織者。作為指揮員，他們必須服從於軍事首領（nacom）；和平時期，他們負責監督本地區百姓的農事活動，並且逐年向真人進貢財物。

次一級的特權階層包括 ah cuch cabob、ah kulelob 和 ah holpopob。ah cuch cabob cabob 是鎮中長老，一般二到三位。他們是 batab 的顧問，參與決定地方政策，本身又是鎮中再次一級行政單位的頭領。ah kulelob，相當於幫辦，協助 batab 工作，是他的助手和傳遞口諭者。ah holpopob 的職責較多，既是首領與村民的橋樑，又是外交事務方面的顧問。他們還是公共議事廳的負責人，村鎮中的首席歌唱家和舞蹈家，總管地區上所有的歌舞和道具。

最低的一級「政府公務人員」是 tupiles，負責維持治安，相當於現代的員警。

此外，瑪雅人還有戰時的首領。一類是原來的行政首領在戰時行使軍事指揮權。另一類稱為 nacom，不是世襲的，一般被選出擔任，三年為期。在這三年內，這些人不能近女色，連他的妻子也不能與他見面。人們懷著極大的尊敬將他隔離起來，盡可能使他較少與外界接觸。他被供奉吃魚和一種大蜥蜴，但不能接觸牛、羊肉。三年任期結束時，nacom 和 batab 共同商議戰事，制訂出戰略計劃。人們會像對待偶像一樣對他焚香禮拜。具體的戰術執行則全權交給 batab。所以，這些臨時選出的 nacom 只能算是偶爾跳上龍門的鯉魚；而且，跳上龍門的三年內也只是個精神安慰性質的空架子。

　　祭司階層從血統上講，和貴族有著千絲萬縷的關係。祭司也可娶妻生子，而且子承父位。除此之外，貴族階層中經常有人湧入祭司階層。瑪雅人規定，貴族長子繼承父位，幼子則可以選擇成為祭司。所以，祭司們在向王室成員授業時，經常會在幼子中挑選；如果發現具有成為祭司稟賦的小孩，就開始培養他當祭司。

　　如果說祭司的地位並不比領主高，那麼至少他們在瑪雅社會中的影響力絕不亞於貴族。貴族階層的各級首領對祭司都表現出極大的尊敬，定期向他們進貢。祭司掌握著瑪雅文明的鑰匙，指導農事生產，預卜政事吉凶。真人經常會向他們求教，祭司則盡可能用他們的知識找出最佳的答案。

　　說實在話，瑪雅城區中的建築，除了一些宮殿外，大部分是在祭司掌握之中。祭司這一特權階層完全游離於生產活動之外，卻直接參與社會命脈的掌握。

祭司這個階層裡還有另外一些角色。chilanes 是一些能講神諭的先知。他們在民眾中享有極高的威望。nacom（不同於三年任屆的戰事首領）是終身制的劊子手，負責在人祭及其他偶像崇拜活動中執刀。他有四個助手 chac，人員不固定，每次祭祀時新選——通常是德高望重的老人。

瑪雅祭司的總稱是 Ahkin，按字面意義講就是太陽之子。作為一個羣體，它是最有權力、最有影響的。他們關於天體的知識，他們預言日蝕、月蝕及其他星際會合周期的能力，他們的種種預言，滲入瑪雅人生活的每個階段。這使他們受到全體瑪雅人的敬畏。

平民是指數量眾多的普通農業生產者。他們用血汗養活自己，也供養他們的最高首領真人，地方首領 batab，以及祭司階層。他們是那些宏偉的儀式中心、高聳入雲的金字塔神廟、大型柱廊、宮殿、高台等等的真正建造者；是他們採集、雕刻了大量巨石，構建了這些建築；是他們用石斧砍下無數大樹，作為柴火，將石灰石燒製成灰漿所需的石灰，將砍下的硬木加工成雕樑畫棟。他們是泥瓦匠、石匠，也是搬運工、建築工。

這些平民還必須向真人進貢，給村、鎮長獻禮，還要通過祭司，向神進獻。這些交納加在一起，數量一定很多。其種類包括他們能夠生產、製造、獵取、搜集到的一切。他們住在郊外，人數眾多，但卻為城裡少數的貴族和祭司承擔了幾乎所有的勞作。

奴隸，ppentacob，處在社會最低層。蘭達（Landa）主教認為，奴隸制是瑪雅後古典時期才產生的一種現象。但其他許

多學者根據石碑、壁畫等資料，認為不能排除從古典時期就有奴隸的解釋。至少，戰俘充作人祭以外，經常淪為奴隸。從有直接資料的新王國時期來看，奴隸來源有五：天生奴隸、竊賊淪為奴隸、戰俘、孤兒、人販子販來的人口。雖然天生為奴者為數不多，但也確實存在。不過，法律規定可以為奴隸贖身。偷盜者要為被偷者終身做奴隸，或者一直等到有能力償還所偷財物為止。戰爭中被俘的敵方貴族，立即被推去做人祭犧牲，其他戰俘則淪為俘獲他們的武士之奴隸。孤兒是經常用於做人祭的，所以有時專門向人販子買，甚至強行綁架。

在戰爭、人祭、苦役、買賣人口被視為正常的文化中，在人們有很多理由草菅人命或濫用人力的情況下，奴隸的命運可想而知。

我們知道，猴羣中也有等級劃分、座次排定。地位較低的猴若想覬覦高位，很快會受到教訓。不過，人們對猴羣深入觀察後發現，地位高的猴子有時會象徵性地讓地位較低的猴子爬背。這可能是猴子們維持和平的一種猴文化。瑪雅貴族是否也會象徵性地給平民百姓一點作威作福的虛假滿足，我們已無從知曉。不過，在奴役同類、殘殺同類的情況下仍然保持社會整體的延續，卻也實在只能是人的文化。

長工女婿不浪漫

瑪雅人的婚姻可並不像它在其他方面那樣神奇浪漫。說不

浪漫多麼掃興，那中美洲叢林熱帶的氣息原本就青春熱烈，可以好好地想像。

說不浪漫是因為瑪雅人看重父母之命、媒妁之約，也因為瑪雅人婚後平平淡淡，沒有擁抱接吻之類外露的情感表達，瑪雅男女的愛情是以盡力履行各自在家庭中的職責來體現的。一夫一妻制似乎比較良好地運轉，但休妻離婚也較頻繁；婦女在這事上也有一定的主動權。

男女的婚姻通常在他們童年就談妥了，只等到了適當的年齡便舉行正式的儀典。男孩的父親為兒子尋找媳婦，他的標準無非是門當戶對，同村同等級。也有些禁忌：同姓不可通婚；另外妻之姊妹、兄弟之寡妻、孀居後母等也在禁止之列。議婚嫁若無媒人中介，那就是件可恥的事了；這顯然不利於兩情相知、男歡女悅。

最不浪漫的是婚前女婿要在未來的丈人家，當上六到七年的「長工」，白白地為女方家勞動，以「賺」回老婆的「贖身費」。這還不算，假如岳父不滿意，可將女婿趕走，到頭來落得一場空的「做白工」。假如女婿不能圓滿地服完七年「苦役」，被趕了出來，不僅眼看到手的「工錢」（老婆）另許他人，而且本人也成了「醜聞」的主角。

這當中究竟是什麼樣的機制在運作呢？可惜有關瑪雅文化這方面的資料實在語焉不詳。然而好在《聖經‧創世紀》（和合本）中有幾乎一模一樣的故事可作比照。

第二十九章記述雅各來到拉班家，以拉班小女兒拉結為「工價」，服事拉班七年；這個七年與瑪雅人的服役期恰好相

同，或許巧合，或許有著相當古遠的文化人類學原因。

雅各因為深愛著美貌俊秀的拉結，以致「就看這七年如同幾天」。等到七年屆滿，「雅各對拉班說：『日期已經滿了，求你把我的妻子給我，我好與她同房。』拉班就擺設筵席，請齊了那地方的眾人。到晚上，拉班將女兒利亞（大女兒利亞的眼睛沒有神氣）送來給雅各，雅各就與她同房。……到了早晨，雅各一看是利亞，就對拉班說：『你向我做的是什麼事呢？我服事你，不是為拉結嗎？你為什麼欺哄我呢？』拉班說：『大女兒還沒有給人，先把小女兒給人，在我們這地方沒有這規矩。你再服事我七年，我就把那個也給你。』雅各就如此行，……於是又服事了拉班七年。

在後來的日子裡，雅各的兩位妻子給他生了好幾個兒子，雅各繼續為丈人牧羊。最後，當雅各攜婦帶著孩子，以及應得的羊羣離去時，拉班及拉班的兒子們興師動眾、氣勢洶洶地追上來。追了七天才追上雅各，由於神夜裡托夢給拉班，告誡他不要對雅各「說好說歹」，這才避免了衝突。

雅各斥責拉班：「……我這廿年在你家裡，為你的兩個女兒服事你十四年，為你的羊羣服事你六年，你又十次改了我的工價。若不是我父親以撒所敬畏的神……與我同在，你如今必定打發我空手而去。神看見我的苦情和我的勞碌，就在昨夜責備你。」於是拉班只得和解，說：「來吧……你我二人可以立約，作你我中間的證據。」雅各就拿一塊石頭立作柱子。又對眾兄弟說：「你們堆聚石頭。」……拉班說：「今日這石堆作你我中間的證據。」

因此，這地方名叫迦累得，又叫米斯巴。意思說：「我們彼此離別以後，願耶和華在你我中間鑒察。你若苦待我的女兒，又在我的女兒以外另娶妻，雖沒有人知道，卻有神在你我中間作見證。」拉班又說：「你看我在你我中間所立的這石堆和柱子……我必不過這石堆去害你，你也不可過這石堆和柱子來害我。」

雅各就……起誓，又在山上獻祭……

不厭其詳地引述看來絕非多餘。這裡第一個關鍵是財產。瑪雅人只把財產傳給兒子，就好比拉班的兒子們特別在乎他們的姐夫（或妹夫）雅各撈到了什麼好處，特意一起向父親反應情況。再說女兒恐怕也是一種特殊的「財產」，不用錢財來贖買，白白嫁人，豈不賠本？於是與女婿開口閉口離不開「工價」二字。

除了七年勞役折算工價之外，瑪雅小伙子結婚時還要付出不少代價。聘禮是免不掉的，男方要為新娘子準備從禮服到各種裝飾品的全套嫁妝，男方當然也要負擔自家新郎倌的費用。這種做法通行於瑪雅社會各個等級，只有量的多寡，沒有質的差別，貧富貴賤都體現了嫁娶雙方既定財產的補償關係。娶了人家的女兒原本是贏家，不作出補償就不平衡了。

瑪雅人的想法與《聖經》中的雅各大概是一樣的，娶妻生子就是自己贏回的利息。中國人有「子息」一詞，可謂傳神。生息的子孫，繁殖的羊羣，豈不是「工價」的絕好註腳！

第二個關鍵是「你我」之間的誓約。拉班挑明了主題，不允許虧待自己的女兒或另行娶妻。請想，七年勞役的辦法是多

麼精明的算計！

　　假如整個瑪雅社會都奉行這一風俗鄉規，那麼，又會有哪個男人能夠有那許多個「七年」用於瞎折騰！他只有乖乖地為他所付出的「押金」考慮，平平穩穩地維持一個既成的婚姻。這或許就是瑪雅人成功地實行了一夫一妻制的原因。這個道理，大概現代社會也並不很陌生吧！這其中就隱含著某種頗具智慧的東西。

　　丈人拉班與女婿雅各以上帝的名義立下了「你我」共遵的誓約，這是不同輩份之間「平等」的契約。這個「平等」恰恰反映了兩種力量、兩種意願、兩種權力、兩種利益之間的對立、協調、共享和默契。

　　他們堆起的石頭、豎起的石柱，當然遠遠不及瑪雅人在石頭建築上表現得宏偉與壯麗；瑪雅人也似乎不是為了兒女之事去浪費巨大的社會勞動和藝術才能。但是，瑪雅人的那些宏美壯麗的石頭建築，無疑也是社會衝突與契約的昇華。

　　一個能夠像《聖經》那樣設計出「七年之役」的民族，也必然有智慧去把他們生存與發展的需要與矛盾，用一個宏偉壯麗的體系精心構築起來。

　　當我們想到神奇的瑪雅智慧，不浪漫也變得浪漫了！

終點站・避風港

　　人終有一死，生生死死乃是自然法則。然而，怎樣對待生

死卻是個哲學問題。「哲學」二字並不如想像的那麼玄奧，無非表明了一種根本的關切。廿一世紀的今天，西方發達社會開始興起「死亡教育」，這並不是哪幾位教育哲學家立意驚世駭俗，非要讓學齡稚童把停屍房當作課堂，這只不過是我們對死亡問題永恆關切的一個新事例罷了。

瑪雅人對死亡問題大作文章，自有其道理。那個黑暗世界若不是特別引起他們注意，也至少要比引起我們的注意來得多些。試想，沒有現代文明不夜的燈火，沒有現代社會喧鬧的人羣，沒有現代科學給人自慰自信的相對安全感，那些生活在中美洲野性十足的熱帶叢林裡的瑪雅先民是不是更久地體驗長夜的黑暗，是不是更深地感受孤獨的無助，是不是更多地仰賴宗教迷信的觀念和行為來打發黑暗死亡的恐懼感？

丈量一下現世生活到死亡世界的距離，也許瑪雅人覺得很近。叢林中有兇猛無敵的美洲豹，瑪雅人敬畏牠們，奉若神靈；周期性的地方衰竭以致絕產或突如其來而又頻頻光顧的蝗災，都會造就一批可憐的餓殍；那些高聳的巨石建築工程，可能每塊成噸的石料都有血肉之軀的生命成本；更不用說高高的祭壇頂上，時常上演著血腥的人牲獻祭……戰爭、疾病、衰老、難產、意外，人生的旅程處處標明死亡的站牌。

「求生惡死」，這是生命的本能。而人類這個物種，因為具有智識，於是連生死也不那麼簡單。他首先要學會平衡主觀意願和客觀事實的情感衝突，學會直面死亡或給死亡一個「說法」。現代人類好比一個成熟的大人，現代的文化使人們通常能直面生死，那個「死亡教育」的新觀念，就是這個背景下的

產物；而人類曾經也像一個孩童一樣，不那麼在乎事實，更多地屈從於自己的願望。

這也是一種選擇，選擇一種排斥那個令人討厭與懼怕的「死亡」事實的思路，沉醉在永生不死的意境裡，或把死亡當成一件不那麼可怕的事。瑪雅人就是精心構築了這一觀念。把事實揭穿挑明的現代「死亡教育」，為的是讓幼童直面死亡，消除不必要的恐懼（其效果尚存在很大的爭議）；把事實包裹起來的瑪雅「死亡觀念」，為的也是消除人們必不可免的天然恐懼。殊途同歸。儘管按現代觀念評判，高下分明。但是，人類的文化行為並不那麼容易評說。

瑪雅人把死亡看作人生的避風港，可以再度揚帆啟航。或者說，他們並不以為死亡即是一個人的終點；死亡是中轉站，是走完這段旅程，再搭乘另一趟班車的過程。

於是，他們為中轉的人生過客提供許多「服務」。他們悉心地包裹屍體，給死者嘴裡塞滿玉米，以免死者在等候下一趟班車時挨餓。有時還往死者嘴中填塞玉石——玉石是瑪雅人珍貴的物品，差不多可以說「很值錢」——以免死者受窮，買不起車票。

墓穴裡還要放上偶像，保佑死者一路平安。至於死者的身分證件，也很重要，一定要齊全。好比說，生前是位工匠，那麼應當放上石斧，以證明其職業和技能；生前是位祭司，就放上書籍圖譜；生前是法師，就放些魔石；生前是獵人、漁夫，就放弓矢鉤叉……因為死者在來世還需要他的那些裝備。

瑪雅上層人物的死後安排相當精心。通常是先火化，然後

將骨灰收藏在甕中入葬，葬所可能是各種規模的廟宇。以前人們把瑪雅地區的金字塔當作單純進行祭祀活動的場所，後來考古學家發現了它們之中有些至少還有別的用處。這個發現有點偶然：本世紀初，法國人阿爾貝・呂茲考察帕楞克古城一座金字塔。他在塔頂神廟裡發現地上的大石板有些異樣，板上幾個圓孔似乎顯示板下面掩蓋著什麼？

於是，他就領人撬開了這塊大石板，果然下面是一條被泥石堵塞的通道。他和六位助手花費三年的辛苦，才挖通這條長二十米、有五十六級台階的地下甬道。甬道盡頭是一堵石牆，牆下有些玉珠耳飾和項鏈。拆除石牆後，又找到一條甬道，甬道盡頭還是石牆。左側有個石甕，內中有六具年輕人的屍骨。呂茲判斷，他們只是殉葬者，真正的大人物還在後面等待重見天日。

經過細緻探察，發現牆上有一塊三角形大石塊，極可能是一道門。撬開石塊，出現一間大墓室。墓頂上有一塊六噸重的大石板。他們費了九牛二虎之力，用了四個汽車千斤頂，才慢慢把它移開。墓穴高七米、寬四米、進深九米。室內四壁盡是人像浮雕，似乎共同拱衛著室中央的巨型石椁。棺椁的蓋板竟然重達四十噸，板上也刻有人像和圖案。

經專家研究石板上的象形文字，推斷製作時間是公元七世紀。墓主的隨葬品包括金玉冠冕、耳環、項鏈、手鐲和小偶像。最為奇妙的是他的臉部罩著青玉面具，由兩百餘枚玉片拼成，眼窩處是寶石鑲嵌。對這個面具，本書將在第六章〈有頭有臉的青玉〉這一節中詳述。

然而，我們只要再介紹幾種對死者的處置方法，就會明白如此隆重的葬禮規模及最後一層青玉面具的真正含義了。死者被如此安全地保藏起來，為的是永生不滅，為的是不死的靈魂可以在不腐不敗、永遠溫潤的玉石包裹中寄存。

　　有時，死者的骨灰被放在空心的雕像中。雕像當然盡可能與死者本人肖似。雕像後腦殼留有一個開口，這是填放骨灰的通道，用死者相同部位的頭皮來覆蓋。瑪雅潘城的庫庫姆家族是統治者，他們通常把死者用火處理一下，燒到骨肉分離。頭後部鋸下，只留下前部，即臉部的骨架，然後用松脂捏塑出臉肉來，這個塑像和真人一樣，與前述木雕性質相同，都作為家族偶像供奉起來，逢節受享，使人敬畏。

　　這個說法雖然來自早年西班牙殖民者的記述，但是確有其事；考古發掘部分地證實了這一點：有一個骷髏頭顱被削，眼窩用木頭塞著，臉部被藝術處理了，是重新造出的死者面相。保存真容以供瞻仰，這是後人對先人的追懷，也是永生不死願望的體現。

　　瑪雅人煞費苦心的做法，聽起來頗為粗野，但他們的死亡觀念卻是富於情感的。

Chapter 2
種玉米的蜜蜂

忙碌的閒暇

偉大的文明不一定完全來自於閒暇，但閒暇無疑是文明的重要條件之一。

據說，人曾經有一日一餐、一日二餐的文化進化階段。

動物餓了就出去覓食；有的單獨出擊，有的集體行動；吃飽喝足，最多是要考慮一下食物的貯存問題；進餐的次數能省則省。人類在形成群居、合作、分工的生存模式之後，大大提高了覓食的成功率。及至發展出畜牧業與農業，則更加妥善地解決了溫飽問題。飽暖而思淫慾。過分的慾望、需求也就由此產生了。先是想出個一日三餐、葷素搭配的壞毛病，有許多婦女因而變成了烹飪專家。後來又想出什麼點心、早午茶之類，實在是沒事找事。

不過，切不要小看這些打發時間、精力和貯備（錢財）之舉。文明的許多突破和造就即產生於斯。或許多餘的繁殖也是打發閒暇之舉，如果沒有它，人類哪來今天的數量優勢？或許救死扶傷也是在人有了閒暇之後，才取代對老弱病殘的野蠻遺棄，如果沒有醫療的不斷進步，怎麼會有這麼多人獲得壽終正寢的結果？或許語言文字、數字算法的遊戲也是閒暇時把玩的結果，如果沒有它們，文明又從何談起？如此這般說下去，也許沒有窮盡。然而，閒暇促進文明，有助於人類的興旺發達，確實有其道理。

　　瑪雅人基本上只種一類作物。不借助畜力，也沒發明金屬農具，原始的刀耕火種完全滿足了人的需求。拿一個普通的瑪雅家庭來說，一般是開墾一塊 10 到 12 英畝大小的玉米地。說是開墾，實際上就是在頭年的雨季砍倒選地內的所有樹木、草叢，然後在第二年四月焚燒已經曬乾的枯木。根據瑪雅研究專家莫利的估算，現代瑪雅人平均一個家庭開墾一塊 12 英畝左右的玉米地。連續種兩年之後，就得讓它休耕十年，因為第三年的產量僅為新開地產量的一半。這樣的話，要保證這個家庭每年都有地種，就需要有六塊 12 英畝的地，確保在其他五塊地都處於休耕狀態時，至少有一塊可以播種、收穫。以一個村子平均有百戶人家計，就需要有 7200 英畝，約合 11.25 平方英里的土地。如果再加上地質差異因素，在一個比較貧瘠的地區，所需的土地面積更大。

　　現代瑪雅人的耕種方式基本保持了傳統，但也不是毫無改動。最大的差異在於農具。導致一系列主要變化的是一種新農

具——砍刀的引進；它徹底改變了瑪雅人的除草方式。古代瑪雅人是用手將草連根拔起，而現在，借助於砍刀，大大方便了勞作，卻也帶來了除草不盡的後果。

美國華盛頓的卡耐基學院曾於 1933～1940 年作了一個玉米種植實驗。地點就選在奇岑─伊扎附近。他們採用連續耕作。頭四年內用現代的砍刀式除草方法，後四年改用古老的連根拔草辦法。各年產量以磅計，分別為 708.4、609.4、358.6、149.6、748.0、330.0、459.8、5.5。頭兩年的產量較穩定，但從第三年起大幅度下降。而第五年改用古老的拔草方法之後，產量即刻上升，甚至略高於第一年（用砍刀除草）的產量。第六年降至第五年產量的一半，第七年又有所回升。最後一年由於遭遇蝗災（從 1940 年起持續三年），幾乎一無所獲。

這項實驗的結果表明，用傳統方式除草；雖然不能保證年產量比現代高，但能夠將玉米地的連續耕作周期延長至七到八年。這樣，維持古代瑪雅家庭常年有地可種的土地量可能只需 36 英畝。由此進一步推算，瑪雅人滯留在其聚居中心的時間也相對較長，他們將文化印跡留在城市中心的時間也較多。

另外，莫里斯·斯台葛達（Morris Steggerda）博士根據自己對尤卡坦的農業調查，還指出了另一個更具文化意義的事實：瑪雅農夫完成一年的玉米種植全過程，只需要 190 天。也就是說，餘下的 175 天他都可以去從事生產食物以外的活動。不僅如此，通過這實際耕作的六、七個月，他可以收穫兩倍於他和他的全家人一年所需的糧食。

多餘的穀物可以作種子，可以用作交易，以獲得瑪雅家庭

無法自己生產和獲得的生活資料及一些小奢侈品。熱帶雨林的環境使得生活的維持條件非常簡單。沒有過冬的煩惱，又有充足的木材、纖維，人生活其間，就像植物生活於其間一樣，枝舒條達，容易存活。

而如果一個家庭沒有太多的奢求，光滿足其自身的溫飽問題（溫是天然保證的，只需自己動手解決飽的問題），70～80天的實際勞作時間就足夠了。餘下的 290 天左右的時間完全空了出來，大約有九至十個月。這麼長的閒暇對於文化而言是極好的催生劑。瑪雅古典時期的為數眾多的金字塔、廟宇、廣場、宮殿等等都是這些閒暇中的傑作。西班牙人統治時期的大量教堂、修道院及公共建築，今天尤卡坦地區的大麻種植園，也都是瑪雅人的閒暇被利用的見證。

當第一批考古學家帶回對瑪雅遺址的宏偉印象時，許多人感覺它具有準神話特徵。重達數十噸的石塊的採集、搬運，幾十米高的塔台的堆疊，用整面石壁雕刻出的巨型頭像，連綿的高台、神廟、宮殿建築群，分布密集，數量眾多，不能不令人歎服。在注重效率、計時計件的現代人眼中，用巨石疊起金字塔，承載半在雲間的神廟，實在是難以想像。何況，就拿那數百塊深雕細刻的高大石碑來說，沒有現代工具，豎起一塊來就是一項複雜的大工程。埃及金字塔的採石、搭建曾是一個世界之謎。其實，埃及金字塔所有的高大、勻稱、穩固乃至絲絲入扣（石縫間連利刃都插不進）等稀奇之處，在瑪雅石文化中都能找到對應物。所以，將這眾多的瑪雅稀奇的遺產想像為神工鬼斧，也是在情理之中。

不過，想像終歸是想像，在瑪雅遺址中已經發現了採石現場，甚至還找到切割至一半的石塊。真正的奧秘在於尤卡坦半島富藏的石灰岩。原來，天然石灰石相對來說比較軟，較容易切割，而一旦暴露於地面上之後，它會逐漸變硬。還有一種當地多產的沙岩，也具有這種特徵，甚至在剛採出不久一段時間內，仍然易於鑿刻。瑪雅的高大石建築都是用這些石灰岩和沙岩製造的。

　　還有一種安山岩，表面細緻，紋理平整，非常適於用玄武岩或閃長岩做的石鑿子（瑪雅人沒有金屬器具）在其上鑿刻。大部分石碑就是用這種石料做的。但是，這種岩石沒有開採前後硬度不同的特性。而且，在切割開的表面經常會有一些硬度極高的石結，玄武岩或閃長岩做的鑿子根本無法在其上刻出印痕。因此，我們現在還可在許多石碑上看到這樣的石結或整個小塊鑿崩後留下的凹形。有些瑪雅藝匠聰明地將它們融入碑文或圖案中，猶如中國印章篆刻和石硯鑿刻的技術手法。

　　為了說明瑪雅奇蹟的創造者即是瑪雅人民，而不是某方神聖，法國畫家讓‧夏洛特（Jean Charlot）畫了一幅系列組畫，描繪瑪雅人豎立一塊石碑的全過程（見圖1）。首先，他們採出石坯。安山岩的石質較硬，但它的紋理整齊，可以根據岩床的自然解理進行切割。由於這個原因，許多瑪雅石碑的橫剖面都是梯形，沒有一個頂角是直角。其次是搬運。瑪雅人生活在熱帶雨林中，周圍的密林裡有的是各種各樣的硬木，可以把它們製成各種長度和粗細的圓木條，讓巨型石碑借著滾木，運至所需的地點。然後要把石碑立起來。（瑪雅石碑通常正反面均

〈圖1—1 採石坊〉

有較深的凸雕，不同於中國一般的刻字碑、因此，都是先豎立起來，然後再在碑上雕刻紋樣的。）石碑最終要插入一個與底座相當的凹槽，才能固定住。而幾噸、甚至幾十噸重石碑的直立，需要借助滾木、土墩和拉繩。所幸的是，這些材料在雨林中非常豐富。這以後才是搭起腳手架，讓雕刻家像處理壁雕那樣進行工作。他們的粗雕還要經過進一步的磨光，最後還要上色，用一種與樹脂攪拌在一起的深紅色塗料（少數也有用藍色的）。樹脂對顏色的保護效果很好。今天在一些凹紋和石碑底部上，還可以找到這種特殊的色料。

　　所以說，瑪雅文化的遺產壯闊得令人自歎人力的渺小，但瑪雅的一切都確確實實是人力所為。而不是什麼自然力或超自然力的點化。

　　由此看來，瑪雅人實在是一些勤勞、智慧的集體勞動者。單單一塊石碑的創生過程就需要多少人工的通力合作！何況，

〈圖1—2 運石〉

〈圖1—3 豎石〉

光是石碑就數以百計，而眾多的建築拔地而起，還需要多少石塊的有序組合！

現在，輪到我們為瑪雅人這種愚公移山的精神而慨歎了。

現代人從小就生活在非自然的產品堆中。一支電子錶所包

含的技術不一定每個成年人都能說得出，但小孩子早就不太珍惜地戴著它玩了。家裡的電燈、自來水、冰箱，司空見慣，根本就不去過問其中的道理。事實上，我們社會的大生產方式創造了極其驚人的文化產物，只是在大生產的形式下它們都化整為零，落實到每個工人每天八小時的上班中，落實到流水線的每個微小的環節上，落實到技術創意人員、供銷人員的每個小點子裡。從而使我們所有人習以為常。我們每個人都

〈圖 1—4 雕刻〉

毫不費力地上一天班、吃一天飯，各自想著自己的生活。但就在這過程中，我們每個人的時間加在一起，正悄悄地創造巨大的財富。

　　當我們看到瑪雅人將幾百、幾千噸的石頭方方正正地堆出樣子、刻出花樣來時，實際上不應該感到驚奇。把這些東西同現代社會鱗次櫛比的摩天大樓、四通八達的交通網絡相比，實在是算不得什麼。只要有人，有閒暇，工具簡單一些也沒什麼

關係，人這個奇妙的生物總會想出辦法來改變他生存的環境，留下人文的印跡。

瑪雅人不辭辛勞地在地球表層搬運石塊的精神，無論是一階級對另一階級的剝削，還是成功的全體創造，都表明了一個道理：人類不會讓自己內部的多餘勞動力和精神勁兒閒置。雖然瑪雅人一年只須勞作幾十天即可養活一家老小，但他們會情願或被迫地一年忙碌到頭，創造一些與他們的自我維持和自我複製無關的東西。雖然瑪雅人中只須有一部分人種地、打獵即可維持所有人的生存，但他們偏偏讓所有人各有所司的勞務，忙碌不停，去做一些與生物性的個體延續和種族延續不完全有關的事情。

這從個體來講，是生命力的表達在尋求對象。也就是說，自我實現、工作、忙碌本身是人的高層次需要，彷彿溫飽、安全、愛是需要一樣。從群體而言，這也是釋放群體內部緊張的一種方式。

世界上沒有第二種動物像人類這樣，以如此之大的規模常年聚居在一塊兒。由生存空間的相互交叉、相互侵入而造成的緊張，如果不能成功地被引導向群體外部（如部落之間的戰爭），或者被有組織地聚集於非生物性的對象（比如石建築），難免對群體構成不穩定的威脅；而這種既符合個體需要，又符合群體需要的根本趨勢，也正是不斷推動人類文明進程的根本動力之一。

人若不是把用來休閒的時光和精力用來忙碌，何來文明？

為了第一需要

當我們看到瑪雅人留下的那麼多廟壇、球場、觀測台，不禁會想像與我們一樣的同類生物是如何勝任這樣巨大的身體與頭腦的勞動，他們的飲食起居有沒有特別之處。最簡單他說，他們以什麼為生，吃什麼？

回答是瑪雅人食物的 80％是玉米，各式各樣的玉米。相應地，玉米種植也就幾乎是瑪雅農業的全部。

在建築、雕刻、文字、曆法等方面都有超凡造詣的瑪雅人，在農業發展上特別遲鈍嗎？如果這麼說，則著實有些冤枉了他們。瑪雅人至今仍沿用著三千年來基本不變的農業模式：種玉米。但這得歸因於他們居住的這片草木繁盛、石灰岩居多、土層低淺的熱帶雨林土地。

今天，瑪雅人用鐵製的工具取代了以前的石斧、尖棒，但耕種方式和工具仍然局限於祖宗留下的老規矩：先伐木，後燒林，再播種，然後每年變換玉米地的場址；使用的工具是淬火的尖頭植種棒（xul）、石斧（bat），還有用來裝玉米種子的草袋（chim）。

那麼，為什麼沒有其他方式或用具適應瑪雅人這片土地呢？首先，此地土層很淺，一般只有幾吋深，間或出現一些小坑，也不過一、二英尺深而已，而且實為罕見。再者，當地天然石灰岩露出地表的情況很多，無論你用什麼農具翻土，犁、鋤、鏟、鍬、耙，都是白搭。美國一些農業專家前去實地考察之後也不得不承認，瑪雅人的方法就是最佳選擇。如果把現代

農業機械開進這片密林，那只能是「殺雞用牛刀」，大而無當，只會是徒勞罷了。

　　既然玉米農業構成瑪雅人口糧的大部分，又是瑪雅農業的全部，我們有必要瞭解一下具體耕作的步驟。種玉米的整個過程分為十一個步驟。

　　〔第一步：選址〕這不僅是萬事開頭難的一步，也是很有技巧的一步。在這樣不利的耕作條件下，找地是很辛苦的事。農夫至少得花一整天時間，仔細觀察林中樹木、草叢的長勢。樹越高，灌木叢越密，它們腳底下的泥土也就越肥。然後他得考慮地與水源的遠近。在尤卡坦半島北部乾旱區地表水有限的地方，瑪雅農夫至少要使他的地盡可能靠近某個水窪。在地本身的因素考慮到之後，還得參考它與村子的距離。這就看各人運氣了，一般情況下總在二、三英里以外；有時為找一塊合適的地，也會迫得人走上一整天、甚至兩天的路程。尤其當鄰近的地力都用盡之後，就自然會向遠處發展。這種無可奈何的「離鄉背井」或許也是中美洲地區歷史上飛地較多的原因之一，也可能直接或間接地促成瑪雅聚居地的遷移。

　　選好地之後，農夫將之劃成小塊，用石塊在每小塊四角作標記。丈量土地的工具是一根二十多米長的繩子。有趣的是，考慮到鳥雀的侵犯，農夫在量地時，總是比每小塊應有的邊長（二十米）多放出一點，彷彿裁衣服留貼邊，這些餘量是「貼」給鳥雀的。

　　〔第二步：伐木〕第一步中說是地，實際上與我們平常概念中的田地完全是兩碼事。它們根本就是一片林子，等著農夫

把地平線以上的部分全部搬走。這個「搬走」，若真像動畫片裡面那樣能瞬間完成就好了，可惜瑪雅農夫還得用石斧（現在是大砍刀加鐵斧，以前只有石斧）把立體削成平面。一般情況下，總是矮樹、爬籐類植物和灌木叢先砍，等這些占據低空間的東西全部剷除後，再去應付那些參天大樹。有時樹木實在太高大，只能先剝了樹皮，讓它慢慢枯死。砍下的樹木還常被堆起來輔助接下去的燒林工作。以平均一塊地含一百小塊計算，一個農夫用鐵製工具，需花五十天，才能幹完第二步的工作，以前石斧砍伐的速度和勞動強度就可想而知了。

〔第三步：燒林〕砍伐的時間一般是在前一年的八月，那時正處於雨季高峰，草木所含水分充足，最易砍伐。而燒林的日子卻要等到三、四月份，等到二、三月份的驕陽把那些砍下的草木徹底曬乾。具體燒林的日子得是個有大風的天氣。有記錄表明，這個日子是由祭司仔細選定的。這些特殊的瑪雅知識分子用他們的天文觀察和神學感應充當天氣預報員。火先在迎風口點燃，藉著風勢，席捲整片地。人們在一邊不停地打呼哨召喚風神，希望它們至少等到燒過預想位置再停下歇息，一把火要堅持燒完十至十二英畝的一塊地，必須依靠持久、強勁的風力。

有趣的是，瑪雅人只擔心風力不足，而從不為風助火勢，殃及鄰近森林而操心。原因還在於熱帶雨林的特性。即使在最乾燥的季節裡，森林中的樹木仍含有足夠的水分，難以點燃。因此，即使砍伐過的那片地燒盡了，火勢燃及鄰近樹叢，也至多只能燒毀最近的一小部分，就自然熄滅，不會進一步蔓延開

來，導致森林大火。

〔第四步：圈地〕這一步驟只是在有了家畜業之後才產生的。古代瑪雅人不養馬放牛，即使玉米地就在村子附近，也無須用什麼圍欄。即便是現在，充作圍欄的也只是些臨時性的灌木荊棘。由於玉米地的連續使用最多不超過兩年（其中原因與除草方式的改變有關），所以這些圍欄的使用率也很低。

〔第五步：播種〕瑪雅人堅信播種應在一年的第一場雨後，而每年的第一場雨總是在聖十字日（三月三）這一天開始的。實際情況也確實如此！為了準備好種十二英畝玉米地，所需的種子，光是剝玉米粒就得花上兩天時間。一般每畝地要用大約十來斤的種子。下種之前總是先用尖頭棒挖一個坑，通常四、五吋深。一次下種五、六顆，有時還同時夾雜幾顆豆類或南瓜的種子。各個坑洞間距離約為四呎，一般一個坑內會長出二到三株玉米。蓋土是簡單地用腳蹭一下或用棒粗略地劃拉幾下。縱列基本上取直線，有時也因地形特殊而作相應偏繞。一般十二英畝的玉米地內有五千個左右的播種點。

〔第六步：除草〕熱帶雨林的氣候、地理條件催生著各種植物，也使玉米地裡的雜草長勢兇猛。從三月到九月，玉米的整個生長期內，至少需要除一次草。一般是在玉米已長到兩呎高，雜草也長到同樣的高度、甚至更高的時候。現代瑪雅人使用鐵製的大砍刀，一頓揮舞之後，草籽亂飛。雖然除草時省力多了，但後患也不少：來年種第二苗時。雜草蔓延的程度遠勝於第一年，以至於除草還不如重新開闢一塊新地，而且大大影響玉米產量。所以，現代瑪雅人很少在一塊地裡連續耕種兩年

以上。古代瑪雅人則不同。他們除草時將草連根拔起，從而最大限度地減少了雜草的再生。因而，他們的玉米地經常可以連續耕種四、五年以上。

〔**第七步：扳倒玉米桿**〕瑪雅人種植的玉米品種很多，成熟周期也不一樣、有的兩、三個月就熟了，有的卻要過四個月，還有的甚至要六月。總體來講，全部長勢良好，並且竄得特別高，平均有十二、三英尺。等到玉米穗成熟後，通常是在九或十月，瑪雅人要把玉米桿扳倒。他們說，這麼做能防止雨水灌進穗裡導致發霉，還能避免鳥來啄食玉米。

〔**第八步：收穫**〕扳倒玉米桿之後一個月，也就是到十一月份，瑪雅人開始收玉米。收穫季節很長，高峰在一、二月，但要一直持續至三、四月份。去殼是用一種木、骨或鹿角製成的棒針，但這道初步工序只去除殼的外層。一個瑪雅人要花三天收穫一英畝地，平均每畝產量以穗計，約三十五蒲式耳（一蒲式耳約為三十五升），以去殼的玉米計，約有十六、八蒲式耳。

〔**第九步：貯藏**〕收上來的玉米有的就近取材，存放在玉米地裡臨時搭起的棚子裡。等到五月份再次播種時去掉內層包殼，準備種子。有的被拉回村裡，堆在屋子一角，猶如家中的小糧倉。

〔**第十步：剝玉米**〕方法不止一種，可以用手工逐個處理，經常是一家人席地而坐，在玉米地裡的臨時棚屋裡剝玉米粒。也可以用一張吊床，倒進十幾籃玉米穗，拚命敲打，讓玉米粒從網眼裡掉到地上。為防止玉米粒向四周飛散，還有用桿

架代替吊床的，周圍蓋上茅草之後再敲打，這樣做快而不亂。無論哪種方法，時間一般都選在晚上。據說晚上天涼，飛揚的秫讓人發癢的程度不像白天那麼厲害。最後，處理好的玉米粒全都裝進麻袋，等候播種。

〔最後一步：把玉米弄回村裡〕前面說過，玉米地距離村子遠近不等，現在的瑪雅人有時也借助卡車和畜力；古時的傳統則是原始的肩扛步行。這並不輕鬆。

玉米的種植構成瑪雅人農耕生活的全部。一個民族要存在和傳承，選擇自然、利用自然、適應自然是其文化的首要任務。瑪雅人在這片多雨、土淺、草木叢生而又岩石多露的土地上求生存，多年來發展、種植單一作物，沒有畜力、只有石器，卻能滿足日益增多的聚居人口的食物需要，並且可以在自給自足以外，留出眾多勞動力去完成無休無止的建築、雕刻和其他手工藝創造。原因正在於這種幾千年摸索出的種植程式。其中的簡單和繁瑣一樣，值得我們深思。

享受造化，創造生活

造化待瑪雅人不厚也不薄。

中國古人說：「沃土之民不材，瘠土之民莫不向義。」（《國語》）著名的文化人類學家、史學家湯恩比在分析、研究了全世界二十六種文明類型之後，也做出了相同結論。

人類文明的發生雖然需要一定的環境前提，比如說埃及人

在尼羅河流域，巴比倫人在兩河流域，印度人在恆河流域，中國人在黃河流域，都先後發展出燦爛的農業文明，但是，環境過於優裕，也同時減緩了進化的動力。假如地球上處處都是花果山、水簾洞，那麼人類就可能還和猿猴一樣，賴在樹上不肯下來呢！人類針對不利的自然因素而作出應對挑戰的文化行為，這才是人類的文明歷程；各民族面臨的挑戰不同，做出的應對也不同，這就是各民族文化的差異所在。

瑪雅人在這片荊棘瘋長、地力貧瘠的土地上，為了養活一個高度文明所必需的人口，也有其獨特的創造。有學者甚至把高產玉米的培育歸功於瑪雅人而不是南美的印加人。這當然可以繼續論證。但是至少瑪雅人種植玉米的生產活動，與其所處的自然環境可謂相得相宜，無懈可擊。他們不辭勞苦地四處選田址，砍喬木，燒荒草，點種，除草，其中播種方式居然到今天看來還是那麼合理。為對付亂石密集、土層淺薄的惡劣條件，他們發明了樸素無華的掘土棍，其有效性使所有現代機械、半機械或人力農具都望塵莫及。

瑪雅人美滋滋地享受造化所賜予的一切，儘管這並不輕鬆，但是他們樂天的性情和堅忍的耐心以及創造的稟賦，使他們也過得有滋有味。

除玉米以外，他們還學會栽培辣椒、番茄、菜豆、南瓜、葫蘆、甘薯、木薯等，作為食物的補充來源。經濟作物有可可、煙草、棉花、龍舌蘭和藍靛草。他們還會在宅前屋後栽種各類果樹。他們在現代的處境似乎並不好，有點營養不良，因為今天他們很少吃肉、蛋白質的主要來源是豆類。狩獵活動如

今只是偶而為之，但是在稠密的人口擠殺當地的野生動物之前的古代瑪雅世界，狩獵無疑是一項相當重要的營生。

　　他們獵取、誘捕的動物包括鹿、貘、野豬、野兔、犰狳、猴子、豚鼠、大蜥、野火雞、松雞、鵪鶉以及各種蛇。他們還會用釣線、漁網和弓箭等等多種辦法捕魚。沿海居住的瑪雅人還用叉子捕獲各種魚類。他們的裝備是長矛、弓箭。為了對付飛鳥，他們還發明了一種吹箭筒。細管中裝泥丸，用嘴猝然一吹，泥彈射出就能擊中目標。這種小巧的「無聲手槍」在林中悄悄地一一射殺鳥雀，不驚不擾，十分奏效。

　　他們還經常使用陷阱機關，這樣鹿肉或鼠肉就來到他們的盤中。瑪雅人還採集黃蜂幼蟲、各種昆蟲、河蝸牛和一些陸生蝸牛。造物所賜的這些小禮物，也是相當鮮美可口的。

　　與大自然朝夕相處的瑪雅先民，有著相當驚人的動植物知識。他們對各種野生植物的性狀瞭如指掌，例如基納坎特科斯部落人（Zinacantecos）單單蘑菇一項，就採集十多個可食用的品種。他們會選用芫荽（香菜）等許多植物作調味品，採摘野菜，烹製別具風味的佳餚。對於野生植物的藥用性能以及在宗教儀式活動中致幻等神秘性能，瑪雅人也不愧是行家裡手。

　　居住在烏蘇馬辛塔河（Rio Usumacinta）以西偏遠地區的拉坎冬部族（Lacandon），由於較少受殖民地時期歐洲文化形態的影響，還較多地保留著古代瑪雅先民的風貌。他們對大自然豐富的植物資源，有著極廣泛的利用。一九○一至一九○三年曾在那兒生活過的阿爾弗雷德·托澤（Alfred Tozzer），驚奇地注意到：「土著們實際上把每一種樹、草、灌木都用作食

物、藥物，或在他們的一些藝術創作中加以利用。」這裡可以開列一張簡表，約略一觀拉坎冬人如何利用造化之賜。

瑪雅人會飼養火雞和狗，其養蜂技術更值得一提：蜂箱是空心圓木，旁開小孔。蜂蜜成了瑪雅人特製美酒的原料。他們還從一種叫作 Lonchocarpus longistylus 的樹皮裡提取「巴爾曲」（Balche），那是一種「醉人致幻」的宗教用酒。

酒給瑪雅人生活帶來享受，菸也是他們自我滿足的法寶。現代社會對於吸菸有害的宣傳，正是反映了菸草對人的巨大魅力。瑪雅人吸著菸，騰雲駕霧；又嚼著「生津口香糖」，像現代美國人那樣嚼個不停，自得其樂。這是瑪雅人找到的一種植物，在地裡幹農活兒或外出長途旅行時，他們就以此來緩解乾渴的感覺。

這樣活著，顯得很滋潤，不貪不婪，又不負造化之美意；視苦如甘，樂從中來。玉米雖是粗糧，但也可粗糧細做。他們早就掌握了燒石灰的化學知識，所以，他們的玉米粒都是用百分之一石灰水加工處理過的，乾粒泡軟後再用手磨碎。玉米漿既可添水煮粥，也可以用燒紅的石頭烙成麵餅。玉米做的花樣非常之多，有時還加入辣椒和可可粉調味。瑪雅人的玉米主食雖稱不上「不厭精」、「不厭細」，但也確實盡可能加工得精細些。這是瑪雅婦女日常工作的最首要內容。

瑪雅人利用造化之賜，作出了許多重要的開發。比如說，他們從生活在一種仙人掌上的昆蟲裡，提取出紅色染料。這一技術廣泛運用的意義，無疑可以在瑪雅絢麗的壁畫中最直觀地感受到。

植物或植物果實	用　途
紅木（Mahogany）	獨木舟
洋蘇木（Logwood）	箭桿、燃料
松香（resin）	香料
橡樹汁（Rubber tree sap）	樹膠
油松（Pitch pine）	火炬
籐蔓（Vines）	紮房架用，其他編品
棕櫚葉（Palm leaves）	蓋屋頂
番石榴（Guava）	食物
羅旺子果（Tamarindus indica）	食物
鱷梨（Persea gratissima）	食物
椰子果（Cocos nucifera）	食物
蕃木瓜（Papaya carica）	食物
蕃荔枝（Anona sguamosa）	食物
可可豆（Cacao）	巧克力，儀式中飲料，榨油

　　關於瑪雅人如何創造發明，還有一個小小的例子，那是一個美麗而又富有哲理的傳說。

　　曾經有一天，伊扎王到野外採藥，突然被一種像劍一樣的植物刺傷了。他很生氣，就命人拚命地抽打這種植物，以洩胸頭無名怒火。不料卻抽打出了潔白堅韌的纖維。後來，瑪雅人就用這種纖維製作繩索，派上了極大的用場。伊扎王從中感悟到什麼，他說：「生命的誕生總是伴隨著痛苦啊！」這種植物就是龍舌蘭（century plant，又名世紀樹），從中製成的堅韌

繩索，乃是瑪雅人一項至關重要的發明。

假如沒有這種繩索，那麼也就無法拖運巨大的石料，也就無法想像瑪雅先民該如何創造那些高大的金字塔、觀天台、紀年碑等一切輝煌的文明業績。龍舌蘭的美麗傳說恰好濃縮了瑪雅人適應自然、利用造物、創造文明的艱辛歡樂的歷史。

水的主題

有一派文化學者認定，人類文明史中關鍵的社會政治體制的起源是因為大規模治水的需要。且不說贊同與否，但是，水成了文化學者的主題詞。

瑪雅文明是否有關乎「水」，顯然不無關係。他們的世界觀就是「洪水災難餘悸」的曲折反映。就這一點，可以參看本書〈第四世界〉一節。實際上，他們的宗教演變史也是水的主題變奏史。至於瑪雅人治水意義，我們不動腦筋也可以想到，在沼澤叢林裡的玉米地曾養活了二、三百萬人口。

瑪雅地區的水資源分配是非常不平衡的。尤卡坦半島的整個北部地區幾乎沒有河流，乾旱的氣候與美國佛羅里達中部、南部相似，降水量極為有限。越往東、南越濕潤，熱帶雨林氣候明顯。降水的地區性變化與地形地貌的差異相結合，造成了瑪雅地區多姿多彩的動植物以及各具特色的生存環境。

從北部廣大的平原說起，這片土地上現存著瑪雅後古典時期（亦即新王國時期）最重要的幾個城市中心奇岑伊扎、瑪雅

潘和烏斯馬爾的遺址。十世紀以後，瑪雅文明的重心轉移到這裡。這片土地的自然條件與古典期文明中心所在地區完全不同，這也就使得後古典期瑪雅文化出現異變。

　　乾旱地區的瑪雅人，生存的第一問題是水。所以，輝煌的奇岑伊扎城就建在兩個大型石灰岩蓄水坑邊上，這兩口天然井成了瑪雅人的「聖井」。奇岑伊扎若逐字轉譯，即是「伊扎人的井口」。人們最擔心的就是天不下雨，於是，瑪雅宗教史上一個重要的新現象出現了──雨神恰克（chac）日益受到崇奉，地位大有凌駕第一大神天神伊扎姆納（Itzamna）之勢。這就好比說中國常為祈雨操心的古代農民變得不敬玉皇大帝，專奉龍王爺一樣。瑪雅祭司們的主要工作變成了求雨，這種情況直到二十世紀七〇年代末還被來訪者目擊。小村子裡一位年屆八旬的老祭司主持祈雨迎神活動，他向恰克祈禱；「啊！雲，我懇求你馬上來臨，帶給我們生命。雨神恰克啊，我奉獻麵餅和肉食給你……我對你的請求是給農民以生命，下雨吧，在他們勞動的地方，重新給他們以生命吧！」

　　從這個事例中，可以想見瑪雅宗教在後古典期的變化。我們固然可以把這些變化歸之於來自中墨西哥托爾克特人的影響，但是，從「水」這個主題，不也能有所發現嗎？正是因為瑪雅人對神祇的請求（實則是對水源的渴求）變得極為迫切，才使得他們的獻祭活動愈演愈烈，獻祭的規格越來越高，出現血淋淋的人祭。退一步說，即使人祭活動確係舶來品，那麼其「發揚光大」也與水的迫切渴求有關。

　　讓我們把視線從後古典期轉向在它之前更為重要的年代。

在那個瑪雅文明的黃金歲月（古典期，公元三世紀至九世紀），瑪雅先民生活的環境又呈現了另一種面貌。在那裡不愁旱，只怕澇。

在這片低地種植玉米，瑪雅人要解決排澇問題。當然，他們可以選擇山坡開墾梯田，以保證主食玉米這種旱地作物所要求的土壤條件。他們確實這樣做了，直到今天，在瑪雅地區仍能見到。但這種山坡地都不大。根據學者們研究，該地區地力不足，一塊土地種植幾年就必須休耕廢棄。這樣一來，人們所需的耕地總量就要乘上好幾倍，以供休耕輪作。

要養活日益增多的人口，這種辦法肯定捉襟見肘。而瑪雅文明如此輝煌，特別是遺存如此眾多的大型石建築，必然要有成比例的人口數量，才能自圓其說。古典期瑪雅人口，大約達到二、三百萬。這麼多人的吃飯問題如何解決，正顯出文化創造的智慧。

一九八○年六月二日，美國衛星探測系統透過茂密的叢林，發現了縱橫交錯，規模宏大的溝渠網絡。這不是幻覺！為了證實圖片上的「網絡」，一批大學教師親往考察。他們或步行、或乘獨木舟，進入現今的瓜地馬拉和伯利茲（英屬宏都拉斯）境內的低地熱帶雨林。他們親眼目睹了奇觀：原來這「網絡」是瑪雅先民的排水溝渠網，它們平均寬度一至三米，深半米。溝渠是用石鋤刨挖而成，用於排水，這顯然是瑪雅人對付沼澤地的淹澇，開闢旱地的對策。經科學方法測算，證明這些溝渠確係瑪雅古典時期所為。這也就解了公元三世紀至九世紀瑪雅人在這片低地的生計問題。

現存遺址中有一種人稱「高地」的花畦，它就是瑪雅人針對大雨淹澇而開闢的；無論雨水是否過多，它都可照樣耕種玉米。瑪雅人的鄰居阿茲台克人，在文化上是瑪雅人的模仿者。他們一種叫作「水中田畦」（Chinampas）的人工地塊，製作方法是先用樹枝、蘆葦編成排筏，用淤泥並摻上其他泥土，敷在筏上。然後種植菜蔬、花卉。排筏放在水域中，通常若干排筏相連，用木樁插入水底來固定。還有填湖泊水窪修造的小塊土地也叫「水中田畦」阿茲台克人的這些做法，是否也有瑪雅人的淵源呢？

無論怎樣說，自然環境迫使瑪雅先民採取了一些文化的策略。倘若沒有進行大規模關乎生計的工程（排澇渠網系統）的客觀需要，恐怕也不會有瑪雅社會組織體系的進步。由這種集體勞動的組織管理中積累的經驗，促成了瑪雅古代社會進行宏大的文明創造的氣魄和能力。

有個別學者陷入概念的圈套，把一種合理的理論演繹錯了方向。他們認為：既然地球上大多數農業文明都興起於大河流域（埃及尼羅河、印度恆河、中國黃河、中東兩河流域），並且由大規模灌溉系統的建設促進了高度組織化的官僚管理體系，那麼，為什麼瑪雅文明會出現在不該出現的低地熱帶叢林呢，那裡並不需要灌溉呀？

其實，這些學者把到手的真理又輕易地扔開了。處於低地的瑪雅人不需引水澆灌，但他們卻需要排水、防澇、排澇。大型水利工程對他們來說，同樣不可缺少。這不正是他們的社會文明的絕好契機嗎？

進一步說，瑪雅地區的大量石建築都有巨大的台基，這是不是為了在洪水到來時高出水面呢？聯繫瑪雅人的世界觀，他們特別強調人類多次毀於洪水的災難，那麼一級一級升高的金字塔是否就是他們堅不可移的「方舟」呢？

水，無論對瑪雅人的生存、文明、信念，都有絕大的不凡的意義。

可可豆本位

當代世界一體化的大潮流，使我們心態成熟的現代人都完全懂得貿易的重要性，自給自足的經濟使得政治上割據、文化上隔絕的狀態成為可能，而相互間經濟上的巨大需要卻似一股無形的拉扯力量，把不同地域分佈、不同種族歸屬、不同文化淵源的人們拉攏到一起，形成共同的市場、共同的語言、共同的文化。

貿易活動本質上是資源的交流。切莫狹義地理解「資源」二字，資源不僅是經濟上的，而且也是文化上的概念。民族文化共同體的生成總要仰賴「資源」的交流。人們常說瑪雅文明地處新大陸，在被歐洲人擾動之前，乃是個「獨立發展的智慧實驗室」，此話不錯；但這並不意味著這個文明是凝滯的。

在沒有大規模的異質文明之間的交流的情況下，一個文明同樣能夠獲得必要的文化刺激。這種刺激來自其內部。缺乏外部交流，則內部的交流（包括交換資源）也成為文化發展的動

力。內部交流範圍的邊際，也就是一種文明達成統一性的界限；內部交流的過程，也就是一種文明達成同質化的過程。

　　瑪雅文明、瑪雅地區、瑪雅民族，這些都是歷史的概念。在特定的時空條件下，瑪雅文化所達到的同質化程度和範圍，才是我們理解上述概念的依據。古代瑪雅人沒能突破他們那個三面環海、兩端窄陸的「半封閉」之「獨立實驗室」，但在實驗室的屋牆內卻有著相當多的「化學過程」。

　　瑪雅地區的自然資源分佈絕不是整齊劃一的，不同地域間的物資交換始終十分重要。要是沒有聯結其各部分的貨物交換網絡，那麼，瑪雅地區就絕不會作為一個整體而存在。

　　整個低地地區，石灰石無疑在建築上有很大用處。這種質地的石料易於切割開採，也易於雕刻裝飾。在許多地區，含有可製成砍削工具的淺燧石礦床；高地則出產更為上等的黑曜石：這種打製石器的好原料是高地火山噴出的熔岩，幾乎全由玻璃質組成，一般為黑色、褐色，有明顯的玻璃光澤和貝殼狀斷口，可作工藝品、裝飾品。用於製造碾磨工具的堅硬火山石和火山礦物顏料，也只在瑪雅山（Maya Mountains）和高地才有所發現。一切材質中最貴重的玉石（瑪雅人對玉有特殊的情感），也只能在瓜地馬拉的莫塔瓜谷地（Motaga Velley）被找到。在尤卡坦海岸地帶和沿著太平洋海岸以及沿著瓜地馬拉高地邊緣的礦床中，鹽可以很容易地加以利用，但在中部低地卻難以找到。

　　不僅礦產如此，其他資源分佈也不均衡。熱帶叢林的出產，包括取自各種樹木的樹脂（用於燒香敬神）、硬木和漂亮

的鳥類羽毛，還有用作藥材和香料的各種植物。

豐富多樣的海產品乃是瑪雅儀式活動中不可或缺的：貝殼、珊瑚、珍珠、鯨魚脊骨。這份清單還不是全部，各地農業上的特產和製成品，如可可豆、蜂蜜、陶器、織物、玉雕、武器等等，進行著廣泛而發達的貿易。

瑪雅社會出現了專門的商人階層，甚至在宗教觀念上也有像北極星這樣的商人保護神。商人一部分即是權貴人物，另一些則是普通社會成員。他們利用奴隸搬運貨物。在各個重要城市之間，居然還有鋪著碎石道路相通。商人持有特製的商業路線圖。沿海居民刳木為舟，用這種木船從事貿易，每船可容四十人之多。

通常在瑪雅城市中心裡還有規模龐大的交易場所，或許還有貨棧，可供商旅住宿往來。交易的舉行有一定的日期。可以說，到了瑪雅文明的後古典期，商業貿易已成為其社會生活的重要組成部分。

有趣的是，這種貿易經濟所聯繫的貨幣體系非金非銀，而是用可可豆作為本位。比如說，一隻兔子值十粒可可豆，一個奴隸約值一百粒可可豆。這就引出了一個疑問：既然用這種可年年收穫的可可豆作「貨幣」，那麼會不會引起「通貨膨脹」？瑪雅社會是如何阻止「私印偽鈔」的？一般關於瑪雅商貿的資料都不涉及這個問題，或者語焉不詳。實際上，瑪雅人的可可豆本位並不是一個可以與現代國家銀行黃金儲備相提並論的東西。它很可能只是一個便於計數的交換單位。比如前邊那個例子，由十粒可可豆與一百粒可可豆之間的比例關係，就

可以準確獲知一個奴隸等於多少兔子的價值。

可可豆顯然不可能像「天然是貨幣」的黃金那樣，成為跨越時空的一般等價物，可可豆本位的貿易經濟或許非得有特定的情境、特定的政治保障和道德保障不可。事實正是如此，貝殼、布帛、銅鈴、小斧等也偶作交換單位。可見瑪雅世界內部各城市、各部族的貿易本質上是易物貿易；不是要長途跋涉賺回「外匯」，而是要換回本部族、本地區所需要的緊缺物資。所以，他們並不是要嚴格規定貨幣本位，而是把貿易中比較便於攜帶的部分用作象徵。外來的觀察者很容易把這部分交換貨物（貝殼、布帛、可可豆、銅鈴等）看成「貨幣」。

瑪雅貿易在城市內部進行當然需要秩序和管理，這對其政治勢力的消長不無促成；而在城市之間、部族之間進行的長途貿易，則必然是武裝貿易。大規模、長距離的交換必定是關乎國計民生、關乎宗教儀式的重大需求，於是這種貿易就不是民間個人行為力所能及，而是需要集團政治軍事力量的支持。

有一種理論認為，瑪雅文明在政治上的起源即是各部族間必須進行物資交流，或者戰爭，或者貿易，或者兩種途徑兼而有之。他們的生產生活離不開石器工具，他們的神靈需要特定土產的貢奉。這就是物資交流的必然性。

貿易把瑪雅地區聯成了網絡，構成一個經濟上、文化上都相互依存的關係，這就是瑪雅人的共生圈。

從頭到腳的「文化」

　　真正的瑪雅文明逝去了，現代瑪雅人及他們的居住地中再也看不到當年瑪雅抄本和壁畫上描繪的那些熱烈而絢麗多彩的氣息了。現代的瑪雅人穿著美國式的便褲、便裝，女性頭上的珠花也是從市鎮上買來的，男人腕上有廉價手錶，小孩子嘴裡含著軟糖。總之，當旅遊者或文化學者來到他們中間時，可以立即感到，一種異國情調已經在世界文化大一統、大交流的背景中被沖淡了。

　　與此同時，美國士兵在海灣戰爭中把臉塗成黑、紅兩色，以示英武。美洲豹皮紋樣、羽飾和頭巾成為孩子們在萬聖節時的穿戴行頭。在這些戲劇性的場合人們以臉譜的方式再現著久已逝去的瑪雅文明的影子。

　　翻開早期西班牙入侵者們的記錄，首先讓我們感受到瑪雅文化之獨特氣息的也正是這些戲裝式的穿戴。文化使同樣的人具有各自群體的不同特點，而這些差異性不僅表現在人們互相交往、人們與自然交往的方式上，更直接地表現在屬於該群體的具體個人的包裝上。正是從不同文化群體內部統一有序的人體包裝上，反映著一種文化的內聚力。文化也正是藉著這些披掛穿戴的紋飾和花樣最直觀地顯現出來、流傳下去。

　　今天的瑪雅人已在服飾上引進了其他文化的表現手法，簡化了古典瑪雅裝飾中許多精細、繁複、具有特殊涵義的部分。但是，在墨西哥刺繡花紋、西班牙領巾、美國牛仔帽的依稀掩映下，瑪雅文化的個性仍然頑強地保存下來。

也許是出於男主外、女主內的原因，女性及與女性有關的家居生活方式、人際模式、甚至服飾習慣，往往是一個文化最難被同化、被取締的部分。瑪雅女性至今仍穿戴著 kub，一種四方如麻袋的直筒裙，十分寬大，頸部開口處有或簡或繁的繡樣，裙擺處的繡樣與頸部呼應。無論刺繡的色彩如何，裙子的本色都為白色。別看它平鋪在地上時直筒筒的毫無精工細裁之感，但穿在瑪雅婦女身上，腰間一束，裙長適中，靜處時線條流暢，下擺豐富的垂感透出女性的沉靜，行時寬鬆自如，還十分飄逸。

瑪雅婦女平時深居簡出，萬不得已要出門時，必然披上一條圍巾。這種圍圍巾的做法來源於古時婦女出門用大方頭巾裹住頭臉、並蓋至胸部的習俗。現代時裝設計中，頭巾被用來作為裝飾光禿禿的頭部或改善臉部輪廓線的道具，但有些時候也會回歸到它的本來用途：遮蓋和製造距離感。

把身體包裹起來、遮蓋起來的服飾，一開始總是性禁忌的延伸，但後來往往成為表現、點綴、烘托的手段。在同一文化群體內部，還成為在共性中突出個性，甚至標誌身分、角色的戲裝。

古代瑪雅男子一律的標準穿戴是條遮羞布（ex）、披肩（pati）、涼鞋和頭飾。遮羞布是一條五指寬的長帶子，長度足可繞腰部數圈，然後兜住胯下，一頭搭在腹前垂於雙腿間至膝的高度，另一頭在身後垂至大約相當的位置。披肩簡單到就是一塊方布，在兩肩上圍過來，於胸前打結。涼鞋的樣式以平底加若干麻線為基本樣式，平底的常用材料是未曬過的乾鹿

皮。頭髮一般全部朝天梳，留長髮，於頭頂紮成束。

　　然而，在這統一的「瑪雅民族服裝」之中，不同身分、不同地位者在打扮上也有截然不同的標準。一般男子只有資格讓家中婦女的巧手在衣飾上加上刺繡或羽飾，但一切衣飾都要符合白丁的本色，即無色彩的白布。相反，貴族、首領、祭司、武士的裝扮就千姿百態、美不勝收了。貝殼、玉石、羽毛、顏料、獸皮、掛件、動物骷髏，一切貴重而鮮亮的東西，都用來點綴風光，不厭其煩。對稱、精細、繁複、鮮艷，是其裝飾原則。有些圖案是這些特殊人物專用的，比如美洲豹、鱷魚、人面。刺繡的用色、針法更是極盡精美之能事。有一種羽毛也是這類權貴專用的。它是一種叫克查爾（quetzal）的鳥，只產在中美洲，克查爾鳥那華彩的藍綠色尾羽使其成為瑪雅王家的專用鳥。這種特殊的羽毛和其他寶石、玉塊、金銀飾、掛件一起，把權貴們的冠、披掛裝點得寶氣珠光；加上首領、祭司、貴族、武士各自代表身分的權杖、法器、武器，構成不同角色生旦淨丑各自的行頭。

　　光有行頭沒有臉譜也不行啊。瑪雅人不僅男女都紋身，而且有塗臉的習慣。男孩子沒結婚前把臉上、身上都塗成黑色，結婚後則全部塗成紅色。如果齋戒，則再塗成黑色。武士塗紅、黑兩色，據說是為了表現英武剛勇；塗抹的位置包括眼、鼻，甚至整個臉部，還有手臂和軀幹。俘虜的顏色是黑白條紋。祭司採用藍色。至於這些關於以色彩標誌身分的做法是圖譜的專用表示法還是生活日常用法，很難從現在的習俗和圖譜本身對古代瑪雅人作出明確的推斷。然而，以色抹臉、抹臂已

經和羽製王冠、美洲豹皮一起，成為瑪雅式裝扮的特色。

　　我們中國人在戲台上用重彩臉譜分派角色，固定造型，古代瑪雅人卻把它擺到實際生活的角色分派、角色定位上。這種簡捷、直觀的程式化思維與民族服飾的規定、男女服飾的不同側重是一脈相承的。然而，兩者又確實存在些微妙的不同。後者追求的是服飾的本來目的，服務於恥感文化與性禁忌，也是特定文化群體表現個性的文化方式。前者則在服飾、文化的本來意義上進一步點綴、紋飾，成為社會角色標誌的輔助工具，社會位置分派、穩定的手段。

Chapter 3
智慧實驗室

乾坤倒轉一念間

天地乾坤彷彿天經地義地存在在那兒，我們人類生活在天地之間。然而，這個「毫無疑問」的「事實」也是由文化觀念給出的。我們說，不同的民族有著不盡相同的智慧，其第一層含義就是——不同的民族或許有著不同的世界觀、不同的宇宙哲學、一念之差的倒轉乾坤。

瑪雅人看世界，看到了與我們不同的分類。世界並不能用我們所熟悉的什麼氣候、地質、植物、動物和諸如自然環境什麼的這類冰冷的術語來定義。瑪雅人的世界觀充滿熾熱情感和豐富的想像。上述一整套物理世界的描述，在瑪雅人看來只是對世界眾多側面中某一個側面的過於詳細的考察。一旦人為的把物理世界從瑪雅人的乾坤宇宙中脫離出來而不顧及與其他側

面的前後左右聯繫，那麼甚至連物理世界本身也失去了意義。

或許有人已過於聰明和自信地感覺到了瑪雅人的「錯誤」，馬上要提出質問：難道這不正是瑪雅文化的愚昧所在嗎？難道我們現代人不是經過了幾千年的探索批判才建立起科學的、無神論的世界觀嗎？

可是我們應該記得，一種科學的世界觀不應是靜止的，曾經在歷史上不斷修正，也將在未來繼續發展。而這種科學世界觀的根本精神應當不是固著於某一種階段性的分類。當世界的豐富性、宇宙的無限性向我們依次展開時，現有的一些科學分類術語也會變得捉襟見肘、大而無當。從哲學的意義上，人類大約總是面臨這樣的總體處境、這樣的大趨勢吧。從每個個人來說，借助於常識般的科學世界觀去一言概之，固然也不錯，但對其中大多數的個人說來，大概也是不假思索地人云亦云，把科學的「或然」精神臆想成「固然」的本質，其心理過程多少又類似於盲從迷信了。這多多少少是貶低了人類的智慧。

以今非古，以我非人，以這一時代或這一群體的共識去排斥否定另一時代、另一群體的價值，這當中缺少了一點相對主義，或許也就喪失了一種透視真理的慧眼、一種理解與同情的欣賞眼光。

瑪雅人是有智慧的，就像中國人、埃及人、巴比倫人、希臘人、或者今天充滿信心的現代人類一樣。這些瑪雅人給宇宙排列了次序，一一落位停當；他們用自己的心靈、頭腦、甚至還有雙手，構築成一個既滿足他們自己、又滿足於那個時代的宏大完美的體系，這就足夠光彩了。

我們完全有理由以讚賞奧林匹斯神系的神話哲學的心情，進入瑪雅人的乾坤。

　　在這個乾坤天地中，居住著一大批超自然的實體。瑪雅萬神殿的神祇們，瑪雅思想中象徵性的動植物以及不計其數的次要精靈們，都匿身於普通人或動物、植物的生活中。這些神靈的每一種，全都和宇宙中某一個或較多的區域有著特殊的關聯，即與某一個特殊的基本方向或一個特殊的時間單位有關，彷彿中國古代青龍、白虎、朱雀、玄武分別與東西南北相聯繫，而十二生肖動物又分別與某一年相關。這種跨越地球上最大水域太平洋東西的神似，讓我們確信智慧是相通的。

　　稍有不同的是，瑪雅的神靈們並不是排他而專有地佔據著舞台，儘管時空片段歸其所有，但根本上說，瑪雅人認為整個宇宙是連續不可切分的。這樣，這些領有者（神靈）永恆不斷地在空間——時間的連續性中運轉流動。

　　不要忽略這個「永恆不斷」，它又與東方智慧靈犀相通。我們知道，古老中國文化有一個「易」的核心；易有三層含義：變易流轉的過程、固定不易的本質、簡易精賅的哲學。瑪雅智慧在此處也打下了伏筆。

　　當人們已經知道把現代物理學與東方神秘主義放到同一個題目下比較論述時，實際上是經受了科學分析世界觀洗禮的人們轉而在一個全新的意義上認識了東方整體哲學的價值。瑪雅不在東方，但中美洲這所獨立的智慧實驗室同樣具有東方情調的整體哲學。在瑪雅人的概念體系中，宇宙乃是統一整體。物理世界與其他領域密不可分地交織在一起。那些超自然的、無

法控制的、超感覺的體驗，原來就是瑪雅人日常經驗的一部分，是現實的一個正常普通的方面。瑪雅人活動的空間並沒有被地上現世世界的界限所框定，它還延伸到天堂和冥界。不僅如此，時間和空間還水乳交融地統一在一起。就連神靈也不是高高在上主宰宇宙並施放「第一推動力」的萬能上帝，他們也無非是瑪雅乾坤內含的一部分，是時間和空間的某個側面，這就是瑪雅人博大統一的神學、哲學。

於是乎，一念之差，瑪雅人的現實就與我們所看到的現實根本不同了。說不同，還是以一種理解與欣賞的文化相對主義態度；「不同」的潛台詞就是意味著瑪雅人這一套宇宙概念聽起來很像玄秘的愚昧。確實，對於一個外人來說，要把瑪雅人這套看似離奇的概念，就其本意理解成自成體系、功能完善的完整信仰系統，實在有其困難。然而，這只是我們作為外人的理解力問題，這套系統對瑪雅人而言，則具有社會文化的完整功能。

每個社會都堅信自己關於現實的觀點是「真實的」而把其他社會的現實觀認定為胡思亂想——即便是很有趣的，但也終究是歪曲的。假如我們沉浸在這種情緒中，一味糾纏於瑪雅人的「歪曲」，那麼我們的智慧就被我們所處的文化框死了，我們就不能透過瑪雅人的「歪曲」看到某種屬於文化創造的靈氣，也就忘記了我們智慧的本質在於那靈動的轉念，進而也失卻了倒轉乾坤的機會。

時間的輪迴

時間，在我們的哲學中似乎是線性的，而瑪雅人的時間卻是一個圓。

現代人浮生百事忙，對於匆匆的歲月的關心只是在鏡中嘆視自己容顏的改變；現代人有電視，夜晚不看星星，不想宇宙；現代人有空調有暖氣，一年四季同樣感受；現代人心高氣盛，玩命似地追求似乎沒有極限的增長和發展……時間就是發展的坐標，就是無休止的變化，就是日新月異、總是不一樣。

可瑪雅人說，時間是循環的，它周而復始。覺得好笑嗎？不僅瑪雅人如此，這幾乎是整個中美洲文化的標尺之一，就連我們中國的老祖宗也信奉一套類似的觀念，比如「五德終始」、「天不變，道亦不變」等等。何以如此呢？他們都有一個類似的生存處境，這種生存處境與我們現代「新人類」所面臨的可大不相同。

從中美洲說到中國，從美洲印第安人說到華夏龍種，這種一致性是因為傳說中他們有著共同的東亞祖先嗎？也許他們共同傳承了遠為古老的觀念。但是，最最根本的是，他們幾乎都致力於某種靠天吃飯的農業文明。冰河期的氣候乾燥化，使得地球上中緯度成了許多有開發前景的一年生草本植物的天下。聰慧的人類採集某些草本植物的種子，培育它，從中建立了新的生存基礎——農業。於是，自然界那個「一歲一枯榮」的現象不再等閒，而成了生計的首要關心問題。

從播種到收穫，一個農業周期便告完成。在自然界下一輪

寒暑更替中，這個播種到收穫的過程還要重複，對於一個長期仰賴農業的社會來說，這個不斷重複的過程似乎是永恆的。現代工業社會或者後工業化的信息社會，社會財富（廣義的）的增長是幾何級的或者乘方式的，甚至是「爆炸」的。這在傳統農業社會中是難以想像的。低下的農業生產率，使得社會長期穩定地維持著，而不可能有什麼驚心動魄的突變。一個農業周期接著一個農業周期，總是同樣的模式，不會有突發的新鮮花樣，就像晝夜和四時的交迭重複一樣。

以致標示時間的單位都是最最本原的，年就是一個農業周期，例如古希伯來人就把收穫季節之後作新的一年的開始，而中國古老的「年」字就與莊稼象形會意；月，就是月亮的周期；日，就是晝夜的自然周期──絕沒有都市派的浪漫那種跨越、甚至顛倒日夜的生活流。循環往復的現實存在決定了周而復始的觀念意識。但這並不是一個簡單機械的激應（反應）過程。一個社會究竟怎樣來整理它對世界的直觀感受，怎樣把觀念意識展現為一種文化樣態，這在每個民族都將會有不同的表現。這當中有著文化創造的智慧。

現代人類學家的觀察報告無不著重反映瑪雅人「輪迴循環」的時間概念，哥倫布到達美洲之前的瑪雅象形文字文本以及西班牙殖民統治時代的文獻，也都顯示了瑪雅人對時間概念的重要性。輪迴的時間是理解瑪雅世界的最佳尺度，因為瑪雅人關於時間的信仰乃是其思想的核心，滲透在日常生活的方方面面。

輪迴的時間觀聯結著這樣一些相關觀念，即：時間不是靜

止的；時間是有方位的；時間是可測量的。時間可以被分成能夠用數學來處理的等級單位，用以計算已往矣的時間數量，對未來作出設想，像確定下來的萬年曆。說到中國的老黃曆，那上頭也記著某日某天的宜與忌，該幹什麼、不該幹什麼。但是，瑪雅人的時間計算更為落到具體，更像編年史，僅僅是要把各個事件安置在時間長河中特定的點位上。

由於時間是個輪迴環轉的圓圈（circle），於是頗顯奇怪荒誕的現象出現了：時間輪迴圈中的各個點位各自不再具有唯一性，當特定的時間單位循環回來重現時，那些從前與之聯繫的事件就彷彿被疊現了。此時有著彼時的影子，今天同構於過去，瑪雅人的世界和哲學找到了一種一以貫之的完整結構。

人們說農業社會看重的是經驗，因為最基本的生存活動所依據的是過去的經驗。這個經驗就是作為一種可重複的時間輪迴而表現的。「此一時」理所當然地也就是「彼一時」，此與彼同在循環圈的相同方位、區段，那麼，彼時的經驗與此時的事實就等價了。

由此來理解瑪雅無所不在的超自然神靈，則邏輯上順理成章。某些神靈與其具體的時間片段相關，於是也就對此片段時間的各種事件獲得了特別的影響力。過去是現在的暗示，而無論過去還是現在，都能被用來預想將來。這一循環輪迴的時間觀，自然就使其具備了預卜和占星的性質。

打個簡陋的比方，去年的秋月是收穫之節，那麼今年也是，明年後年還是。

抽象地說瑪雅人的時間觀念，不如具體地考察體現這種時

間觀的曆法。一個外人並不難理解瑪雅曆法的基本結構，甚至也能夠掌握主導其運行的原則。這就離窺見瑪雅智慧不遠了，因為全面理解瑪雅時間體系是通向其背後概念世界的捷徑。

物化的天文學

古代瑪雅最引人注目的成就是建築。如果不是那些關於密林深處有一座棄城的神話，瑪雅文化遺址也許永遠被塵土和雨林淹沒了。上百名考古學家的考察工作使瑪雅人輝煌的歷史存在重見天日。今天當我們走近這些古城時，只見到那些凝重的石建築。

有相當一部分考古發現被美國人帶回本國去作研究了。但據現有的資料來看，找到的書寫記錄不多，而且至今尚無法破解。然而，瑪雅人還留下了那麼多用石頭疊起來的智慧。西班牙人的大火沒能將它們燒毀，雨林的吞噬沒能使它們消失。它們歷經人文歷史與自然歷史的滄桑之變，卻依舊屹立於原址，讓今天的人們仍然可以依稀想見瑪雅城市的當年，瑪雅人和瑪雅文明的當年。

無論以東、西方哪個時代的眼光來看，瑪雅建築都是精美而有特色的。尤其是那些天文觀測台及各種位置精確的石碑，乍看平平淡淡，甚至不知如何把它們相互聯繫起來。研究之後，才發現其中處處可見瑪雅人對天文研究的重視和執著。

許多天文學權威人士認為，古代瑪雅人所擁有的天文學知

識比公元前古埃及人還要豐富。瑪雅人有相當豐富的關於地球公轉周期、月球繞轉周期等等的天文學知識。然而，他們卻並沒有望遠鏡、星盤，也不用分數計算。那麼，他們到底是用什麼辦法獲得這些知識呢？難道真是如傳說中所言那樣，靠神的指示或外星人的幫助嗎？

原來，奧妙在於觀察的方法。如果觀察視線足夠長，將觀察到的周期誤差減到一天以下是可以做到的。

瑪雅留下的觀星台有一座是圓形的，其他都是建在金字塔形的底座上。這些建築從底下看上去大都高聳入雲，有些還整個兒建在一層平台上，與氣勢恢宏的建築群融為一體，更顯得壯觀非常，給人一種泰山壓頂之感。

與人相比，這些觀星台真是太碩大了，但如果我們想到它身處密密匝匝的熱帶雨林深處，就能感受到其中的良苦用心了。瑪雅人唯有疊起高高的塔台，才能從密林之上望及遠處的地平線！從而達到精確觀察所必需的視線長度。

瑪雅祭司們全權負責所有天文觀察任務。他們登上高一百呎左右（從七十呎至一五〇呎不等）的觀察塔，走進塔頂的廟字，從觀察室裡向外觀察。用來定觀察點的是一個十字形的錯劃。從這一點，參照遠處地平線上的某些固定標誌，如兩山間的山凹或某座山的山頂，觀察太陽、月亮及其他星辰的升起和降落位置；從這些位置的周期性變化算出會合周期，推論出星辰的運動規律，預見到日、月蝕和其他並升、並落現象。

天文觀察的熱中程度往往跟一個民族關於農時的經驗有很大關聯。瑪雅人主食玉米，而且種植的絕大多數也是玉米，每

塊地播種前都必須經過燒林這道步驟。參天的大樹、叢生的灌木在前一年雨季砍下，經過曝曬，已經可以焚燒。但大約十二畝的樹木、草叢要一把火燒完，必須借助於強勁的風勢。真可謂「萬事俱備，只欠東風。」於是，他們的祭司就得負責爬上天文台（金字塔）頂，去借東風去。他們向天借風，實際是依據早已在地上做好的標記。

　　瑪雅人分別在科潘（Copan）城東頭和城西頭的山梁上豎了兩塊石碑，兩碑相距約 4 哩多，各自所處的高度約在六百到九百呎之間。從東邊的這塊石碑望向對面山上的石碑，每年的四月十二日和九月七日兩天，太陽落山時正好落在石碑背後。而四月十二日被認為是該地區適宜燒林季節的開始。於是每年祭司們總是仔細觀察到這一現象之後，當天晚上就通告整個地區的農人：神已經示意，第二天起可以燒林了。誠如諸葛亮裝神弄鬼之前先藉星象觀察為依據，瑪雅祭司也是先做認真的實地觀察，爾後再請出神諭的。

　　其實，瑪雅人藉以作天文觀察的手法遠不止這些。不過，從燒林日的選擇中，我們可以看出瑪雅天文學的一個特點：他們總是想辦法將天文化為地理，把觀察到的只能看見卻摸不著、留不住的天象變化，用人工可及的建築手段加以物化、固定化，盡可能把觀察研究得來的知識為日後的實用提供方便，而不滿足於在理論上得出一種抽象關係。這種「物化天文」的傾向與瑪雅人經久不息的築造精神合在一起，為後人留下了相當壯觀的自然與人文結合、相映成趣的場景，甚至到今天還能看得到。

比如瑪雅人用來確定分、至日的建築群。它們位於今瓜地馬拉的佩頓，烏瓦夏克頓（Uaxactun）遺址群的標號 E 組建築。西邊有個大金字塔的觀察台，對面是三座並排成一線的廟宇。正對著的東方是一座較大的廟宇，南、北兩邊各有一座較小的。三座廟宇坐落到同一塊由北向南延伸的大平台上。從西邊的觀察台到東邊正中的那座大廟宇之間，有兩座小石碑，也許還起到瞄準器的作用。以西邊台上的觀察點為基準，每遇春分（三月二十一日）和秋分（九月二十三日），太陽總是在東西向的這根中軸上、也就是在東邊廟宇的正背後升起。而當太陽向北移至北邊廟宇的北角升起時，正是夏至日（六月二十一日），此時白晝變長，黑夜變短。相應地，冬至日（十二月二十一日）的太陽應從南端廟宇的南牆處升起。

我們在這裡敘述固然簡單，好像擺弄模型教具那麼順理成章。然而，準確的定位、高台起造的量度都是建立在日復一日、年復一年的觀察基礎之上，其間的耐性與恆心、人工與匠心，恐怕只有站在使人自覺渺小的塔腳下時，才能體會到。從這些物化的巧妙關係中，最無知的人也能讀懂深不可測的天文含義。

觀察春分和秋分這兩個與播種和收穫密切相關的日子，不僅有農時的意義，還有文化的意義。在原始農業階段，沒有什麼日子比它們對人們生活的影響更大的了。因此，在瑪雅人心目中，春分是帶來雨季的羽蛇神降臨之際，而秋分則是羽蛇神歸天而去的時候。為此，可以在遺址的一些金字塔的南北台階兩端看到一些石刻的蛇頭，有的大約一立方米。春分和秋分兩

天，當太陽落入地平線前，西斜的陽光將蛇影和三角形光影投射在地上，宛若一條蛇形。只有這兩天裡才能看到這種蛇影，預示羽蛇神的來臨和飛去，也標誌著雨季的開始和結束。這些用石頭保留的奇觀，無論從工藝還是從知識的角度來看，都是令人驚歎的。

說實在的，如果沒有這些不說話的石頭重見天日來做見證，光憑那些口傳的神奇事跡和文字記錄的佐證（何況其中大

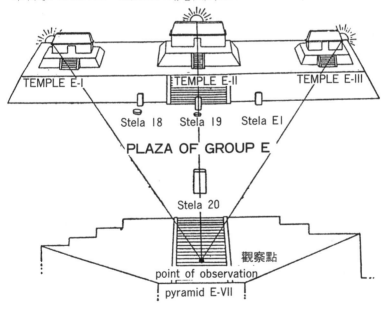

〈圖2─1 用於天文曆法的石建築〉

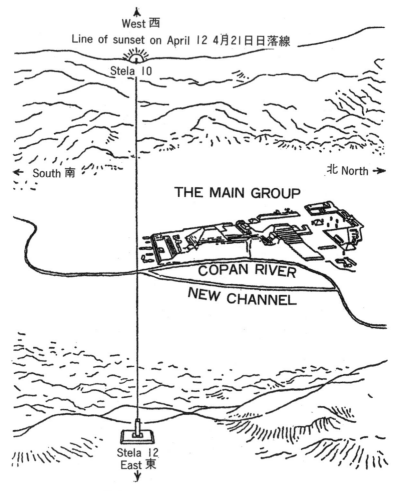

〈圖 2—2 用於天文曆法的石建築〉

多未能瞭解其中含義），是很難讓人們完全認識到瑪雅文化的偉大。正是靠了瑪雅人蜜蜂般的築造精神，和他們將繁難的天文標誌於地理的巧思，才讓今天的人得以見識這種將自然見於人工，將人的智慧又復現於自然的鬼斧神工！

而且，細細想來，與繁難的天文推算相比，不辭辛勞地在山頂、高台上搬石頭造房子作標記，縱使再費時費力，也是划算的。在尤卡坦半島上，密林繁衍速度奇快，地貌常年被密林覆蓋和改變的情況下，將遙遠地平線上發生的現象搬到附近的山梁上、城裡的廟宇上，甚至搬到投射於地從而人人可見的蛇影上，實在是太取巧的辦法了！

永恆的天問，物化的天文。

「零」意味著很多

瑪雅人在數學上有一個偉大之處，就是將「零」運用到計算中來。這一做法比歐洲人早了八個世紀，因而使向來以學統之先進而自豪的西方人大為震驚。

數學是科學的基石。西方思維傳統中，提倡「以數學為解釋宇宙之本」的畢達哥拉斯學派，占據了極為重要的地位。他們將數從具象的物體中，甚至從實用性的計數活動中抽象出來；將數本身提高到組成世界的基本元素的地位。在這種獨樹一幟的精神的倡導下，這個學派總結出許多重要的數學定律，至今仍以他們的名字命名。在西方思想史上，他們的數學風格

與西方思維模式的形成大有關係。實際上，數學代表了一種擺脫一切具象，進行純形式分析的傾向。正是這種絕對抽象化的傾向，構成了科學思維的基礎。

數學計算中，零的引入就是這樣的一種突破。有了零這個概念的引進，人們不再只停留於計算多少，還開始計算有無。數字維也不再是單向的無限制累加，而是一個可以將不同進位抽象出來，統一於零的形式存在。22 後面加上兩個零，就變成了 2200，零將單向維度上的兩個相差懸殊的數字，簡單明瞭地聯繫了起來。可以不誇張的說，零為人類把玩數字，操作數量，打開了一個嶄新的天地。

瑪雅人有自己的一套計數符號。他們以一個圓點代表「1」，一橫代表「5」。第一位到第二位採用 20 進位制，第二位到第三位採用 18 進位制。因此，「4」是 4 個圓點，「6」是一橫加一個圓點，「9」是一橫加 4 個圓點。「10」是兩橫，「11」是兩橫加一個圓點，「14」是兩橫加四個圓點，「15」三橫，「19」是三橫加四個圓點。如果逢 20 進至第二位，則第一位上就用一只貝殼紋樣代表「零」。

這種表達法表明，瑪雅人已在計算中引入了零。在沒有零概念的計算系統中，比如古中國最初的計數體系中，逢十則僅僅以人為命名的十位單位作數字標記，逢百、逢千也依次類推。如果有個數字 135，只表明有一個 100 加上三個 10 加五個 1。用這個數字加上 65，等於 2 個 100。而根本不涉及零概念。也就是說，只有具象的單向累加，還沒有將空位的空加以形式化。

借助數學上的深刻認識，瑪雅人在沒有分數概念的情況下，精確地計算出太陽曆一年的時間。其精確度比我們現在所通用的格雷戈里曆法還好。他們通過對金星軌道的觀察和計算，計算出金星公轉周期為 538.92 日。按照他們的辦法推算之下，一千年僅有一天的誤差。

古代社會中，天文、曆法、農事三者總是密不可分，而它們的基礎又都在計算。瑪雅人在數學上的早慧，使他們在天文知識、曆法系統、農事安排上都表現出一種複雜高妙而又井然有序的從容自信。多種曆法並用，每個日子都有四種命名數字，卻絲毫不亂，法輪常轉。沒有任何特殊儀器，僅靠觀星資料，每年準確定出分、至日，以及各種重要會合日的出現；充分掌握天氣變化的規律，準確計算出雨季、旱季的始終，為農業生產提供最重要的保障。

瑪雅數學的成就當然還表現在他們超群的建築成就上。眾多巨型建築和建築群落的定位、設計，牽涉到太多的數學問題。建築根本就是凝固的數學和藝術。瑪雅特有的尖拱門造型也蘊含著精巧的數學思維。當然，還有許多用來展現他們天文學知識的建築，比如觀察分、至日的建築群。丈量的精確性、定位的相互呼應都需要克分克秒的數學天才，才能使我們今天仍然能透過斷壁殘垣，看到特定的奇景。

在古瑪雅社會，掌握數學的是祭司：他們存在的首要職責就是當好人與神之間的橋樑。他門要告訴人們哪一天羽蛇神降臨，給大地帶來雨季；哪一天可以開始燒林，可以得到風神保佑的許諾；哪一天戰神來臨，將帶來戰事，甚至死亡。他們是

瑪雅世界的權威人士。他們說哪位神動怒了，需要人祭，國人就只好照辦。據說，瑪雅祭司在西班牙入侵者到來之前就曾預見到這一事件，並且從神諭中得知，這些遠道而來的人將成為瑪雅人的新王。總之，瑪雅人心目中的祭司是神遊古今、通曉天地之理的人物；凡事都要求教於他們。

那麼，作為祭司本身，他們的首要任務就是要盡可能使自己當得起這種重任。瑪雅的天文學知識完全建立在祭司們日復一日、年復一年的不間斷觀察之上，他們的數字記錄系統很好地反映了這種紀年傳統。

瑪雅人將一年劃分成十八個月，每月二十天，每年有五個祭日，總和為 365 天。有意思的是，他們的數字進位也是分別採用二十進位和十八進位。這就很可能是起始於逐日記錄天象觀察的實用性需要。也正是這種實用性需要，推進了瑪雅數學的發展，更進一步促進了曆法、農事的發達。

從瑪雅人的「零」概念可以看到其形式思維能力的早熟，以及整個天文、曆法、農事知識系統的規模。而這些可觀的成就，這種對抽象規律的追求，可能是與祭司們對神聖地位的追求互為因果的。一種莫須有的文化職能卻促發了人的求知慾，在追求「神人同感」的過程中卻開始了科學的第一步。

人類想瞭解自身、瞭解自然，瞭解自然力量、甚至超自然力量與自身的關聯。這種求知慾構成了人類的知識史。而促使人類擺脫物質文化的自循環劃圈，邁出這精神文化第一步的是這類祭司；從他們開始，人類開始切實、專職地研究歷史、文字、天文、地理、數學、醫藥和心理。從他們開始，人開始從

無到有地創造各種符號，並且用它們來記錄過去、計算現在、推測將來。

通常我們都會輕視巫師祭司的行徑，以為在那些「迷信」之中無非是些文化垃圾。然而，這個被我們視為「零」一樣的神靈信仰世界裡，卻共生著無數寶貴的「文化生命體」。

咬牙切齒的曆法

瑪雅人的曆法精確度委實相當驚人，「咬牙切齒」絲絲入扣。他們的曆法分為儀式用祭祀曆專名表達法、太陽年民用曆表達法、長期累積計日數表達法三種，三種曆法並行不悖，互相「咬牙切齒」，準確精密。

三種曆日表達法，構成了一個複雜的集合，它們用各自的方式記錄著逝水流年，每一種都起著不可替代的作用，這也就是瑪雅人不嫌其煩的緣故。從本質上說，瑪雅曆法乃是一種錯綜複雜的機制，其中每一部分都能影響其他部分。而預卜（計算某個特定時間的先兆或某個具體行為的合宜性）成了曆法機制中一種令人驚異的複雜操作。

宗教占卜功能是瑪雅祭祀曆的首要目的，它也是瑪雅曆法中最基礎的部分。現代學者賦予它一個替代稱謂——卓爾金曆（tzolkin），按尤卡坦半島的譯意是「日子的計數」，而它實際上的瑪雅名稱並不清楚。

卓爾金曆把一年看成是 260 天的循環周期，這顯然無法用

自然現象加以解釋，雨季的長度、太陽運行高度角的周期、人類的懷孕期等等都不是 260 天。這個周期看來是人為的，是其兩個亞循環周期二十和十三的排列結果，而二十和十三在整個中美洲都具有儀式上的和象徵上的重要意義。

卓爾金曆的 260 天不分月，順序用二十個專名。專名分別是伊克（Ik）、阿克巴爾（Akbal）、坎（Kan）、契克山（Chicshan）、克伊米（Cimi）、馬尼克（Manik）、拉馬特（Lamat）、木盧克（Muluc），喔克（Oc）、契烏恩（Chuen）、埃伯（Eb）、班（Ben）、伊希（Ix）、門（Men）、克伊伯（Cib）、卡班（Caban）、埃茲納伯（Etz'nab）、夸阿克（Cauac），阿華烏（Ahau）、伊米希（Imix）。用一至十三順序與這二十個專名互相循環匹配，完成一次循環正好是 260。這與中國的干支紀曆有很相似的機理，十個天干與十二個地支分別匹配，一個循環周期即所謂「六十甲子」。

卓爾金曆是「瑪雅甲子」。Kin 就是「日」，是所有瑪雅曆法循環的基本單位。任何一日，都由數碼順序與各專名兩個因素組成。具體說，第一日即是 1Imix，第二日是 2Ik，第十四日是 1Ix，第二十一天是 8Imix，諸如此類，不斷循環。而 1Imix 這種記法要到第 261 天才會再度出現。

我們在「各顯神通的神，各有所求的人」一節中可以瞭解，每個專稱日名都與一個神靈相聯繫，獲得保護。這個神靈對於有著相應名稱的那些日期（例如 2Imix，3Imix，8Imix 等等）具有特殊意義。瑪雅數碼雖說通常由點與橫組成，但也常

常用該神靈的頭部特徵和象形文字來表達（見圖3）。我們知道，每二十天為一套儀式活動的長度，一年十三套。只是不大好說究竟是先有曆法還是先有祭神儀式。從結果看，神靈們在每日的分別出場導致了每一日的吉凶徵兆。正像基督教文化中每七天有禮拜日（休息日）一樣的內在機理，瑪雅每一日不相同的吉凶徵兆也能起自然調節作用。它使人做任何事都不會日復一日，連續不斷，因吉日、凶日而有所選擇、避讓，就跟我們說「一、三、五打工，二、四、六自修」一樣的效用了。

　　這種儀式曆法是中美洲文明的最基本發明之一。差不多每個不同民族都有一個屬於它的變體，公元前五百年就已開始使

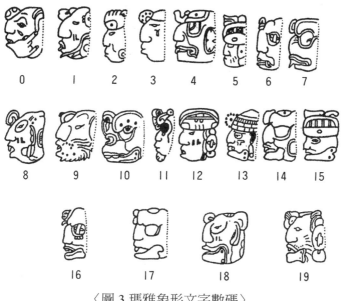

〈圖3 瑪雅象形文字數碼〉

用的事例也經考古證實。儘管瑪雅曆法的其他方面都幾乎失傳了，但儀式曆卻面對著來自公曆曆法的嚴峻挑戰，一直到今天仍在高地若干瑪雅部族中保存著。

瑪雅民用太陽年相對來說較為次要，叫作哈伯（haab）。它把 365 日一年分為十八個月，每月二十天，剩下的五天乃「禁忌日」（十九月）。雖然太陽年實際上略長於 365 日，而瑪雅人也知閏日，但他們對閏日沒有明確的規定。這些月份都有各自名稱。（見圖 4）

第一月的第一日是 0Pop，最好譯作「Pop 的席位」；第二日是 1Pop，第三日是 2Pop，依此類推到第二十日是 19Pop。接下來的一天就是第二月的開始，「Uo 的席位」。寫下「Uo 的席位」的交替方式也把它指派為前一個月（Pop）的第 20 天。儘管各月份各日這些時間段也許在計數上是間斷的，但是從另一意義上說，它們又是重疊的。這種記數法或許反映了一種信仰，即一個時間段及其神靈的影響力都略略超出本份的範圍。各月份也有著特別的守護神，神靈們對人和事都有影響力。為了預卜的宗教目的，這種民用太陽曆也必須與卓爾金儀式曆法一起考慮，儘管太陽曆的首要功能可能還是較為符合世俗農業曆法的路線。

在實踐中，太陽曆的稱謂從未單獨出現於象形文字經卷、雕刻或歷史文獻裡邊。日期常由儀式曆來查考，或者較常見的是由與各種太陽曆位置相聯的稱謂來查考，具體他說，恰如十三個數碼和二十個專稱匹配成 260 日循環周期一樣，260 日的儀式曆與 365 天太陽年的排列產生了一個 18980 天的更大周

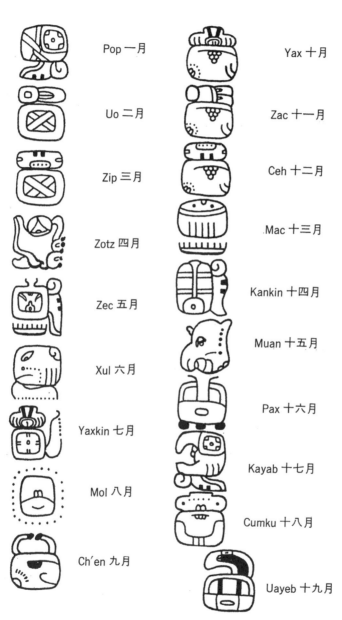

Pop 一月

Uo 二月

Zip 三月

Zotz 四月

Zec 五月

Xul 六月

Yaxkin 七月

Mol 八月

Ch'en 九月

Yax 十月

Zac 十一月

Ceh 十二月

Mac 十三月

Kankin 十四月

Muan 十五月

Pax 十六月

Kayab 十七月

Cumku 十八月

Uayeb 十九月

〈圖 4〉

期。即一個給定的位置（例如 1Ik0Pop）只是在第 18981 天才重歸。於是，在五十二年（18980÷365＝52）內指稱每個獨一無二日期的二元稱謂，就叫作日曆周期。

這個大日曆周期也和它內部包含的循環周期一樣，具有相似的泛中美洲分佈範圍。對大部分中美洲民族來說，五十二年

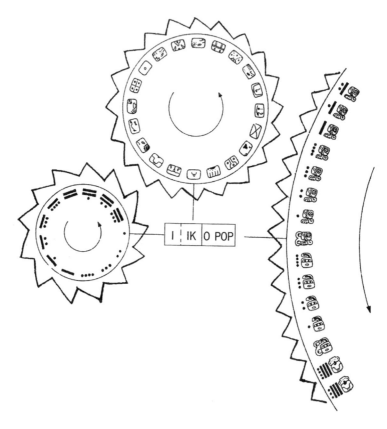

〈圖 5 52 年日曆周期〉

瑪雅的｜智慧｜

的日曆周期對確定某一個日期在時間長河中的位置提供了很高的精確度，畢竟一個人的人生不會有兩個五十二年，就像中國人六十甲子也已夠用。但這對於現代研究中美洲民族歷史的人說來，每五十二年重複相同的日曆周期位置，則留下了極大的模糊性。只有瑪雅人的曆法才包括了一種用來在時間長河中固定各個事件的較為精確唯一的機制，這就是累積計日曆法。

累積計日法，分成九個數量等級，由小到大分別是金（Kin）、烏因納爾（uinal）、吞（tun）、卡吞（katun）、巴克吞（baktun）、匹克吞（pictun）、卡拉伯吞（calabtun）、金契爾吞（kinchiltun）、阿勞吞（alautun）。除了烏因納爾是十八進位以外，其餘都是二十進位，即一金代表一天，一烏因納爾為二十天，一吞為 360 天，一卡吞為 7200 天，一巴克吞為 14000 天……。一般記日期只用到第五個等級，例如十一、九、四、○、一即表示：$11 \times 144000 + 9 \times 7200 + 4 \times 360 + 0 \times 20 + 1 = 1650241$ 天。瑪雅人把公元前三一一三年看作新的紀年開始，那麼這個第 1650241 天就約代表公元十五世紀初。由於有累積計日法，我們可以清楚地瞭解瑪雅歷史上一些重要事件發生的年代。

在瑪雅古代那些聰慧的頭腦中，似乎裝著許多精密的齒輪。他們不僅讓世俗的曆法和宗教的曆法「咬牙切齒」地相互對應、運作，而且他們還放眼星空，找到更多可以互相參校的「齒輪」。他們知道金星公轉周期是 584 天，於是就算出金星齒輪五轉，地球齒輪八轉便會合了（$584 \times 5 = 365 \times 8 = 2920$）。這個思路給了他們曆法許多益處。

Chapter 4
血色契約

民族：從鮮血中獲能

人類歷史上最血腥、最不可思議的事，大概就是拿活人獻祭了。人類學家研究證明，這一風俗的歷史相當古遠，也相當普遍，許多民族曾流行這種做法。瑪雅人和整個新大陸印第安人都曾經進行活人祭獻儀式。

儀典是在虔誠的氣氛中進行的。除了一般的供品奉獻給神靈之外，善男信女們還把血液奉獻出來，他們用石刀或動物骨頭、貝殼、荊棘等鋒利尖銳的東西給自己放血。割破的部位遍及全身，因人而異，有時是額頭、鼻子、嘴唇、耳朵，有時又是脖子、胸口、手臂、大腿、小腿，直到腳背，甚至還割破陰部取血。

右邊圖 6 中的人，就正在身上動刀子，血液用虛線表示。

〈圖 6—1 人祭〉

〈圖 6—2 人祭〉

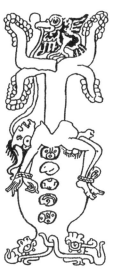

〈圖 6—3 人祭〉

〈圖7 人祭儀式用石刀〉

　　人祭的方式多種多樣，最常見的是剖胸挖心。作為犧牲的人，先是被塗成藍色，頭上戴一尖頂的頭飾，然後在廟宇前的廣場或金字塔之巔受死。他被仰面放倒在地，身子下面壓著凸起的祭案，這樣使得他胸腹隆起而頭和四肢下垂，以便於開膛剖胸的「手術」。四個祭司分別抓住他的四肢，儘量把他拉直。「劊子手」是祭儀的主角，他準確地在犧牲者的左胸肋骨處下刀，從傷口伸進手去，抓出跳動的心臟並放在盤子裡，交給主持儀式的大祭司。後者則以嫻熟的手法，把心臟上的鮮血塗在神靈偶像上。如果是在金字塔頂進行祭儀，那麼犧牲的屍體就會被踢下，沿著台階，滾落到金字塔腳下。職位較低的祭司就把屍體的皮膚剝下，除了手腳以外。而主持祭儀的大祭司則鄭重其事地脫下自己的長袍，鑽到血淋淋的人皮中，與旁觀者一道煞有介事地舞蹈。要是這位被殺的犧牲者生前恰好是一位勇猛的武士，那麼，他的屍體會被切分開來，分給貴族和群眾吃，手腳歸祭司享用，假如獻祭的犧牲是個俘虜，那麼他的幾根殘骨會被那個抓獲他的人留下，以紀念戰功。婦女和兒童也經常被作為犧牲而獻祭。

　　一個現代讀者看了這些內容，大概要心驚肉跳了——瑪雅人為什麼會做出這些凶殘惡劣的事呢？

　　瑪雅人並不見得是特別凶殘的「生番」，我們中國人的祖

先也曾這樣做過，金髮碧眼的白種人也有過這樣的過去。所以，我們盡可把問題放到人類的大背景上，看看血祭和人牲對我們人類的生存和發展是否必要。

有一個很值得思考的現象：在文化學家的記述中，凡是實行人祭的民族，大多不是狩獵民族或遊牧民族，而是農耕民族。這與我們直觀的見解是矛盾的。按常理說，狩獵經濟和遊牧經濟在文明發展階段上要比農業經濟來得原始，既然如此，為什麼反而是相對進步的農業社會實行野蠻的人祭儀式呢？不是說人類是日益遠離野蠻的嗎？

表面的原因似乎是農業民族更關心土地的肥沃、作物的豐產，更需要鮮血澆灌。難道狩獵民族和遊牧民族能夠容易地弄到動物的鮮血而農業民族只能用人類的生命嗎？這些解釋顯然荒謬。如果把人祭作為最高等級的敬獻，如果要由此獲得神賜的生命力，那麼，這正好也符合狩獵民族和遊牧民族的需要，他們需要更多的獵物，也需要牧群更繁盛。至於說農業社會不用家畜而用人獻祭是因為拿不出動物，則太不合邏輯。

答案何在？

請想一下動物園飼養老虎的情形。要是一日三餐供應牛肉，天長日久，就會使得老虎溫馴、老實，失去了生命的活力。專家們建議經常投放活物，讓老虎自己去追逐、撕咬，茹毛飲血，這才能讓老虎不失本性，永遠是「老虎」，而不是「大花貓」。

狩獵民族整天追殺搏鬥，遊牧民族剽悍勇武，只有農業民族安居樂業、溫柔敦厚。進步的生產、生活方式恰恰使得人的

鮮活之生命衝動大為衰減，素食消磨人的野性，所以文明史上比比皆是野蠻的遊牧民族征服了文明的農業民族這類事實。那種退化到害怕血腥的民族，在競爭、淘汰、進化的歷史上必定難以維持。農業民族最渴慕的是陽剛、血性，他們的勇氣需要經常的刺激。

血，成了他們的文化激勵機制！並不是他們的神靈偶像需要鮮血來增強能力，而是他們自己需要經常地目睹和參與血淋淋的事件。

正像本書一再強調的那樣，文化是一種隱喻象徵的機制，作為文化的獻祭儀式活動具有潛移默化的教育功能。殺人祭神活動除了隱含教人服從、敬畏、認同等意義之外，主要是教人敢於戰鬥、敢於死亡，甚至還象徵性地讓人宣洩殺人的慾望，獲得替代的滿足。這跟現代人從暴力影片中獲取感官刺激本質上相同，正像現代人會模仿暴力片中的行為從而導致刑事案件增多那樣，瑪雅人從定期舉行的人祭活動場景中也會學到不少對他們有用的東西。我們今天所擔憂的影視凶殺鏡頭，倒正是古瑪雅人希望看到的。

說到社會內部緊張壓力的宣洩，參與凶殺是一種辦法。社會尋找一個「替罪羊」，讓群體一道「過一把癮」。中國大陸西南佤族就有讓全體男子放縱凶殺一條活牛的儀式，大家一哄而上，幾分鐘內把一條活牛生吞活剝，吃個乾淨；西方人熟知的「酒神節」原型，也是瘋狂地撕碎活牛，不過參與者換成平日裡受到壓抑的婦女。瑪雅人給他們的「替罪羊」、「宣洩物」——活人犧牲——戴上尖頂頭飾，這是多麼明顯的暗示。

〈圖 8 箭射人牲儀式〉

當年大陸文化大革命中給受批鬥的「一小撮」所帶的高帽，不就是尖頂標誌嗎？這個尖頂高帽集中了集體瘋狂的發洩。

　　瑪雅人的血腥人祭還有更說明問題的例子。他們把戴著尖頂頭飾的活人綁住雙手做靶子，姿式與十字架上受難的形象恰巧相同（見圖 8）。眾人先圍著犧牲跳舞。這個程序看來很有必要：舞蹈動作能夠激發情緒，能夠使人亢奮起來；人祭活動也正是為了這個目的。他們先用弓箭射擊犧牲的陰部。假如懂得一點兒精神分析學派的人類學理論，那就對其潛意識一目瞭然了。然後他們逐一向犧牲的胸部射箭，讓每個人都經受一次血腥的訓練。

　　所謂鮮血能使神靈獲得強大生命力的說法，真是自欺欺人。究竟是誰想見一見鮮血，不是很清楚嗎？

　　有一種為瑪雅血腥人祭儀式辯護的說法，認為古瑪雅的古典時期幾乎沒有人祭，那時所雕刻的溫和形象體現了和平主義的宗旨。人祭是後古典時期從墨西哥入侵的托爾特克人帶入的。因此，公元十世紀之後，原本莊重的瑪雅人信仰變得有些卑瑣了。

考古學上也證明了這一點：十世紀之前，瑪雅宗教並沒有發生變異，變化是野蠻的征服者造成的，儘管後來征服者與被征服者同化了。十六世紀西班牙人根據當時的傳說，也記錄了這一點。

　　這讓我們想到，瑪雅人在其和平發展的古典時期黃金時代裡，沒有外部威脅，也就並不需要尚勇尚武。十世紀以後頻繁的戰事，才促使他們感覺到「嗜血」的必要，才使他們非要用血與火的洗禮來保證民族生存發展的競爭活力不可。

　　受瑪雅文化影響很大的阿茲特克人有一件絕妙的事例：他們甚至與鄰近部族專門締約，定期重開戰端；不為別的，只為了捕獲俘虜，用作人祭的犧牲。這真是形同兒戲！瑪雅人的「兒戲」更加形式化，他們建造了許多「籃球場」，用球賽的勝負決定人祭犧牲的對象。

　　一切的一切都是為了民族生命力的強旺。於是，血，成了主題詞；紅，成為主色調。當歐洲人初次見到這些印第安人時，竟把他們看成了紅種人。雖說這些原屬蒙古種的黃皮膚們在美洲的土地上偏得了太陽神之賜，但他們之所以被看成紅種人，大概主要還是因為他們給自己的身體塗上了紅顏料——那是血的象徵。

　　對血紅生命力的渴望，應該成為一個民族文化中合理的追求，只要不是追求血腥本身。

井裡來的神使

　　瑪雅歷史上，文化、科學的繁榮當屬古典時期，這已為人所知。而其政治、軍事強盛的，時代卻來得較晚，現在一般是把後古典時期，瑪雅地區三個最重要的城市瑪雅潘、奇岑伊扎和烏斯馬爾結成「三城同盟」的時代，看作奴隸制國家獲得極大發展的階段。瑪雅後古典期的歷史，可以說就是這三個主要城市的歷史。

　　十一世紀初，瑪雅潘、奇岑伊托、烏斯馬爾三城結盟。瑪雅歷史開始三雄鼎立、合三而一的進程。幾個世紀角逐、融合的結果，就是使這一地區因最強盛的瑪雅潘而得名故事還得從頭說起：一系列歷史的偶然事件都可以歸到一位史詩人物名下，而他傳奇的經歷發端於奇岑伊扎的一口井。

　　按照瑪雅語讀音記寫的奇岑伊扎（Chichen Itza），可以這樣解讀 Chi 是「口」的意思，chen 是「井」的意思，Itza 代表了定居此處的「伊扎人」部落。合起來，也就是「伊扎人的井口」之意。這並不是語言遊戲，而是生存中人類最關心的水源問題之反映。

　　奇岑伊扎地處尤卡坦半島北部的乾旱地區，水源只能全靠由石灰岩層塌陷而形成的天然井（瑪雅語 cenotes「洞狀陷穴」）。要不是兩個大型的天然井，瑪雅先民伊扎部落也就不會在此留下生存的標記。考古資料已經把此處的文明史不斷往前推移，儘管奇岑城的修築是在公元六世紀（一說是在公元七一一年樹碑築城），但是在古典期之前，甚至瑪雅文明的形成

期（公元前一五〇〇～公元三〇〇年），就已經有瑪雅先民在此生息繁衍了。而伊扎人的到來則要遲至十世紀以後，他們興高采烈地把井口據為己有，冠以自己的名字。

伊扎人對兩個性命攸關的天然淡水蓄水池——井口——頂禮膜拜，奉若神靈。從井口獲得「聖井」、「雨神之家」的頭銜，便可見一斑。為了取悅神靈，他們把他們所認定的幾乎一切的好東西都投進「聖井」，不僅有金、玉、珠、寶、盤碟、刀斧、貝雕等，而且還有人牲。西班牙人來到尤卡坦半島時，對此作了描述。

然而，隨著瑪雅文明被西方人摧毀，很多瑪雅城市都廢棄了，其中也包括這「聖井」。

到十九世紀時，有關「聖井」的故事成了天方夜譚，令人將信將疑。倒是有個美國人好奇心特重，他興味無窮地去尋找傳說中的「聖井」。他費了許多周折，但長時間不懈的努力還是有了報償。一八八五年的一個夜晚，月朗風清，湯普森踏上泛著白光的小徑，進入黑森森的叢林。當地瑪雅人的指點果然不錯，他終於見到了久已神往夢牽的「聖井」。

所謂「聖井」，按今天拍攝到的現場照片看，乃是兩個橢圓形的天然蓄水池。井口開口呈五十米至六十三米、略不規則的橢圓，井壁立陡，一層一層的岩層疊壓在一起，彷彿是一道道密排的環圈。從井口到水面有二十多米，水面之下到井底也有二十多米深度。這樣的景觀可算是夠奇特的了，它的造型、大小，特別是井口到水面的二十米距離，都使它被當作「聖井」而讓瑪雅先民想入非非。

每當飢荒、瘟疫、旱災等情形出現時，就要把活人投進井裡，或者叫作請活人前往「雨神之家」去「徵詢」雨神的諭旨。這一點被湯普森的考察所證實。他和他的助手們抽出井底淤泥，果然從中找到大量珍寶和數十具少女的屍骨。通常瑪雅人是在清晨把作為人祭的少女投進井裡。如果她摔進水中很快溺死，那麼，人們就感到非常失望。他們會哭號著一起向水中投石頭，因為神靈已經把不祥的預兆昭示給他們。這種用活人祭水中神靈的做法，可以在不少民族中見到，中國古代為河伯娶婦的故事也無非是一種變體而已。

事情的奇特在於人牲還有生還的可能。假如從清晨到中午，井中的人還僥倖活著的話，那麼上邊的人就會垂下一條長繩，把倖存者拉上來。這個生還的人從此備受崇敬，被認為是雨神派回來的「神使」。

十二世紀後期，有一位名叫亨納克・塞爾的男子就因投井不死而被奉為「神使」。他甚至去做了瑪雅潘的最高掌權者。這讓人想起中國古代的類似傳說，有一種文化心理與社會機制上的可比性。

《尚書・虞夏書・舜典》記載：「曰若稽古，帝舜曰重華，協於帝。濬哲文明，溫恭允塞，玄德升聞，乃命以位。慎徽五典，五典克從。納於百揆，百揆時敘。賓於四門，四門穆穆。納於大麓，烈風雷雨弗迷。」說得簡單點，這位叫重華（舜）的人，被投到荒山野林裡，風雨雷震、毒蟲猛獸都沒能加害於他，便證明他的「玄德」能夠上聞於天，受命而獲得帝位。《尚書》無非是「稽古」，用理性化的史家觀念改造了上

古的傳說；而人類學家用神話的眼光看，這一段掌故正體現了上古時期初民社會選拔首領的機制。

《路史·發揮五》：「堯之試舜，亦可謂多術哉……而舜方此泰然不迷，豈惟度越尋常哉？亦天地鬼神之實相也。歷踐至此，天下無難者矣。」總之，舜通過了「考驗」，證明了自己的神異能力以及受到神的眷愛，於是他理所當然成了帝舜，三皇五帝之一。他對古代中國的文化整合，顯然具有無可爭辯的意義。

瑪雅世界的亨納克·塞爾也一樣，他經過驗證的「神使」身分，使他成為瑪雅政治史上不可多見的顯赫人物。他把瑪雅潘變成了尤卡坦半島上最強大的城邦國家，而且他的帝國化努力也有了初步的成果。一一九四年，亨納克·塞爾的瑪雅潘武裝攻占了奇岑伊扎城，血腥地鎮壓了當地居民的反抗。接著，他又征服了另一個重要城市烏斯馬爾。瑪雅奴隸制政治實體的雛形已經呼之欲出，甚至今天我們把幾十萬平方公里的土地稱為瑪雅地區，把共有同一類型文明的這些人民稱為瑪雅人，都應歸諸「神使」亨納克·塞爾給瑪雅潘這個城市帶來的力量和突出的地位。

這位聖井中來的「神使」由於自己並非貴族出身，所以給瑪雅潘添加了世俗的色彩。除了建造高大的祭祀壇廟之外，他還全力修建世俗權力人物的豪華宮殿，內中包括複雜的立柱廳房，有眾多舒適的房間，裝飾華美，設施齊全，以「宮殿」命名。這種世俗性的大型建築在瑪雅地區其他眾多遺址中是難以見到的。瑪雅潘的統治大權落到非宗教祭司的世俗軍事新貴手

中，這使瑪雅社會的組織體系、社會性質發生了微妙的質變。

　　或許可做這樣的猜想：瑪雅潘的政治領袖亨納克‧塞爾其實並沒有那一段神奇的經歷，所謂從奇岑伊扎「聖井」中死裡逃生的故事，乃是他編造出來的神話，用以證明他統治的合法性。這是不難想見的慣用技倆，古今中外的事例不勝枚舉。瑪雅人的宗教神祕文化需要這樣的「神話」，他們的人民甚至會自覺自願或下意識地為他們的軍事政治強人編織一段「神使」的傳說。文化所要起的作用不就是這種編織和轉換嗎？

　　望著瑪雅潘遺址宏偉厚實的城牆（瑪雅地區其他城市並沒有這種嚴格的城市邊界）以及六個帶城樓的城門，還有城牆內大大小小近四千個建築的遺存，人們不禁要問：它們的締造者亨納克‧塞爾究竟是因為來自「聖井」，才有資格和力量開創出這個大局面，還是由於開創了瑪雅歷史空前的規模，才被這種文化視為「神使」呢？

恥感文化‧罪感文化

　　有一種較為時髦的理論，稱西方文化是「罪感文化」，而東方文化是「恥感文化」。也就是說，在西方基督教傳統背景下，人們的思想和行為受制於凌駕萬物之上、洞察一切的上帝，上帝遲早會給人的善惡打分數，也就是審判。「善有善報，惡有惡報」，進天堂或下地獄，在於自己如何為人行事。基督教認為人生來即有「原罪」，人類是背著沉重的包袱行走

於人生旅途的。這種觀念使得個人直接面對上帝，直接體驗自己的良心感受，道德的約束是內在的，所以才有向上帝「懺悔」，不為人知的隱祕罪錯的宗教行為。

「恥感文化」則強調外在的約束力。罪錯暴露，才會受到他人的譴責與懲罰，社會才會把恥辱降落到這個人頭上。假如罪錯不為人知，那麼也就不會有社會群體的壓力。恥感文化中的個人，其所做所為首先考慮的是他人、社會的評價，以受人讚許為榮，以人人排斥為自己的羞恥。

這種說法固然不無道理，但也失之於簡單化。許多民族的實際情況都是兼具兩種傾向，只是稍有側重而已。對個人來說，罪惡感和羞恥感常常是併發症，難分彼此。當他想做某件事，或已經做了某件事，而這件事又與社會公奉的道德標準抵觸時，他就會體驗這併發的罪感和恥感。這在瑪雅人身上表現得相當充分，其事例也是出奇的饒有興味。

尤卡坦半島上昆塔那羅地區（Quintana Roo）有些半獨立的土著瑪雅人部落，他們對內在約束與外部壓力的感覺相當說明問題，大有古風遺韻，頗得瑪雅祖先的真傳。

也許古瑪雅人真的沒有十分嚴酷的世俗法律，他們是用罪感（對於神）和恥感（來自社會）來控制人的行為，就像這些部落所做的那樣。他們唯一的懲罰叫「阿卓台」（Azote），也就是抽打腳底。這種刑罰實施起來很講人道，即便是最重的判詞，也只不過說抽打一百下；而罪犯又可以在連續四天裡，每天只挨二十五下抽打。

這種審判程序中最為意味深長的是，被判決者在完成每次

抽打之間的時間不是被投入監獄，相反卻被准予釋放，但他有義務在次日早晨自動投案，接受剩餘的懲罰。既沒有警察，也沒有任何一個村民看管他，把他押來解去地領受日復一日、連續四天的刑罰。犯罪的人必須自動露面，完成每天二十五次責打。假如他不這樣做，假如他沒有在規定的時間來到指定的地點，那麼，整個部落就會把他視為公敵，人所不齒。他就成了社會的棄渣，審判的逃犯，不受法律保護的歹徒。接下來，要是他死於非命，那麼隨便哪一個對他動武的部落成員都不會受到懲罰，因為這個人的生命已經被社會沒收了。

這個事例似乎體現了瑪雅人既受內在道德約束、又受外力壓迫的特點，儘管兩者的結合相當精微，不易直觀看清。

由於瑪雅人表現出較強的正義感，他們誠實的美德也世所公認，所以說，上述事例中，被判罰的人並不真正是畏懼「人人得而誅之」的懲處才一絲不苟地履行判決；他最怕的是自己落到被社會拋棄的羞恥境地。判決的訓誡意味遠遠多於單純懲罰的意義，這可以從所判決之刑罰的形式看出來。抽打腳底並不是極刑，最重一百下抽打實在溫和，「分期付款式」的執行更顯出人情味兒。這樣的刑罰目的是一議人改過自新，很給出路，其作用無非是讓犯罪的人略微品嘗一下羞恥的滋味，而不是感覺皮肉的疼痛。分四次抽打再明顯不過了，這是盡可能減少皮肉之痛，盡可能增加恥感的頻度和強度。

而不拘不管、自來自去的意義更是高深，這完全是一種文化象徵手段。用這樣的象徵形式來幫助犯罪者自行完善自己的內在道德約束力——他之所以犯罪，就是因為他以前的自我道

德約束力有所缺欠。這個連續四天的執行判決過程，將會使受罰者把甘心情願接受外在規範的行動加以內化。

這個瑪雅風俗不顯山、不露水地使用了文化隱喻的機制，令人不能不讚嘆瑪雅人處理道德和社會問題的天才！

瑪雅人的宗教也幫助了他們的道德，他們害怕自己由於罪惡而受到無所不在的神靈懲處。因此，瑪雅世界是一個夜不閉戶的世界，小偷小摸在瑪雅人中聞所未聞。作為一個民族，他們異乎尋常的誠實。沒人去偷別人的莊稼，似乎一些古老的禁忌控制著這類不良的行徑。其實可以偷盜的機會所在多是，比如說，無人看管的玉米地往往距離最近的村落也有數哩之遙。瑪雅人相信，誰若是從別人的玉米地裡偷了玉米，就會被地裡的守衛精靈殺死，這觀念成了遠在叢林中那些「敞開的穀倉」（玉米田）真正的保險鎖。

說穿了，人的道德感還是來自於現實的社會關係，來自於經濟利益的平衡。顯然，侵占他人的糧食、財產是要引起爭鬥的，於是社會就必須建立針對這類侵犯行為（包括偷盜）的規則（道德）。宗教觀念無非是給予這種規則以超自然的認可，並以強烈的罪惡感作用於人的心靈而已。

恥感和罪感共同保障了瑪雅世界的秩序。

性命攸關的球賽

球賽幾乎是現代人生活中少不了的東西。一年裡若沒有幾

場球賽來讓全體人民震動一下，同心協力地加油或醉心一下，這一年就顯得太沉悶了。別說大陸的觀眾為女排常勝和足球屢挫而或歡騰或憂悶，歐洲人對足球的痴迷、美國人對 NBA 籃球以及職業棒球大聯盟比賽的瘋狂，甚至日本人對棒球的「人人盡心、匹夫有責」，那都是已有公論的。

那麼，球賽為何有如此大的扣人心弦的力量呢？也就是說，一種遊戲性的集體對抗為什麼會不約而同地吸引成千上萬的人為假定（未定）的輸贏如此投入呢？如果拿著這個問題去問球迷，回答或者是：「我們的球隊在比賽！」或者僅僅是兩個字：「刺激！」

有意思的是，據說大眾參與性極高的籃球發源於美洲印第安人的一種球戲；更確切地說，是瑪雅人的一種球戲。一面高牆上有個環形石洞垂直於地面，也垂直於牆體，遊戲者試圖把球擊進圓環。這幅畫面好像經常同頌揚和平競爭的奧運會聯繫起來。

然而，真正的瑪雅球戲卻殘酷得多。關於這一點，我們只要親臨球場看一看就知道了。就拿我們所熟悉的那個球場，奇岑─伊扎（Chichen Itza）的球場來說吧。它坐落在一個大廣場的東端，本身是個「I」型的封閉廣場。它是中美洲各遺址中最大的一個球場，比現在一般的田徑場略窄長些，長度為一五〇米左右，兩頭各有一座廟宇。兩條高高的平台擠出中間的比賽場地，平台靠著場地，形成兩面高牆。牆上有環形球洞。臨廣場的平台上建有一座神廟，平台底層向廣場開了一間外伸的暗室。另一個平台的牆面上繪有球賽的場面和輸家被推上神廟

做人祭的場景。

如果不是繪畫和其他材料的印證，我們也許會用現代體育館的眼光來看待這片綠茵場地。而現在，當我們仰望平台高處的神廟時，又不得不聯想到瑪雅社會中習以為常的人祭場面，聯想到角鬥場。

各個瑪雅部落之間，有時會為了獲得俘虜做人祭，而商議好某月某日進行一場「戰爭」，以便雙方都可以完成求雨的儀式。於是，到了那天，雙方各派出武士，在預先商定的地點開戰。被對方俘獲者，就作為戰俘，在對方部落祈求雨神降雨或其他儀式上做人祭。照樣是剖胸取心，有時某些骨頭還被雕上花紋，留給抓獲戰俘的人，充當他的戰利品。那樣的有預謀的互鬥實在跟羅馬角鬥士被迫互戕沒什麼兩樣；一旦真打起來，你死我活的，也就跟真正的戰爭毫無二致了。

弗洛伊德說：戰爭是殺父娶母「力比多」的代償性發洩。不過，近代研究攻擊性行為的生理心理學認為：人類作為一種生物，具有與生俱來的攻擊性。文化使人們和平相處，共同抵禦來自自然和其他猛獸的威脅，將這種存在於個性身上的生物性（也是生命力的一種表現）引向對群體有利而無害的方向。

隨著人口的日益增加，彼此互相侵占生存空間，比如可耕地、海岸線、礦藏等等，不同人群之間劃地為界，瓜分領土。一旦在食物、人口、配偶、領地等方面出現利益的衝突或僅僅是因為少了覺得不公，多了還想更多，就會把生物本能和靈長類的智慧結合起來，訴諸武力，運用策略，務必使身、心兩方面的能量發揮到淋漓盡致。

在這方面，實際上人和其他動物有很多類似之處。動物有尖牙利爪，人類只能靠肉搏（情急之中也會使出原始招數）。但人類製造各種利器延伸自己，其殺傷力遠勝於動物。就人類內部的互相殘殺而言，同類間的殺傷率當然也遠勝於動物，只是人類高速的繁衍力（人類嬰兒存活率較高，女性育齡較長）為這種殘殺提供了很好的藉口和很強的後盾。

人類有史以來，從沒有停止過戰爭。在人口眾多的今天，由於武器的發展日益獨立於人類的操作，向高科技、高精度和自動化發展，戰爭對人的體能要求減至最小，國家間的武裝衝突也在世界文化交流、合流的作用下減到了較小程度。但是，也就在同時，人類的體能在體育運動中的表現和自我超越，從來也未像今天這麼成功，這麼世界化。如果說過去世界各國、各民族都有各自的健身強體、克敵制勝之道，比如中國的武術、南亞的散打、日本的武士刀（或棍）、西方人的擒拿格鬥術等等，現在則一律歸為體育比賽項目；並且對抗程度極強的拳擊、摔角、柔道等運動紛紛越過各自的國界，在世界各地以遊戲或運動的形式，為人們喜愛，為人們仿效、實踐。各國優秀運動員的增多迫使國際奧委會不得不修改有關標準，以限制有資格參賽人員的數額。各項世界紀錄不斷被刷新。而且，由於發洩了體能而並不導致傷亡，反而增強了體魄，所以世界人口的身高增長趨勢、體重增長趨勢（當然這還有其他原因的共同作用）也有提高。

但是，僅僅用體能和生命力的宣洩來解釋體育，總是欠妥的。田徑賽的收視率遠低於對抗性的球賽和拳擊，尤其是對抗

性強的集體比賽。當己方群體（小到鄰近街區，大到國家）成員組成的球隊上場比賽時，那種集體榮譽感、集體凝聚力的迅速喚起作用，簡直難以用推理和理性來解釋。所以，在狂熱的球迷中往往有比較激進的愛國主義者。而在觀看兩支與本群體無關的球隊比賽中，僅僅衝撞、對抗就足以讓人興奮。什麼全攻全守、包抄、突圍、以多打一、單刀赴會、直搗龍門，球賽實際就是戰爭，是戰爭在文化中的象徵物。

由此，我們再去回想瑪雅球賽的那種嚴酷性，或許更為有趣。瑪雅人以球賽的勝負決定人的死活，把生死攸關和你死我活的事儘量變成遊戲，而現代人卻千方百計想把遊戲變成性命交關的大事（用職業運動員制、高額報酬、高簽約金和家喻戶曉的明星地位）。瑪雅人的規則是要人死，攻擊性的調動是被迫的，但其強度也是可想而知的。現代人的規則是在不死傷的情況下發洩攻擊性，同時坐收漁利者利用調動起來的生命力和代償性發洩攻擊性的願望牟利。

兩類文化活動的表象都是假的戰爭，瑪雅人調動它的手段和目的都是假借神的名義，現代人調動它的手段和目的有時是為了健身強體，有時是為了不同群體間榮譽戰爭的得失，有時則純粹是為了金錢。從瑪雅的球賽中我們看到，戰爭這種原始、本能的生物競爭方式在人類文化的文飾下可以成為一種象徵；從現代的球賽中我們看到，無論是出於什麼目的，生物性的對抗本能在文化中總能找到存在和表現的方式，文化的世故化總會為它提供各種各樣精緻的象徵物。

在瑪雅遺址的其他一些城市中心，也大都有類似的球場發

現，但規模都比這一五○米長的小得多。後期的一些在場地形式上出現了一種變化。原來直立的邊牆改成了斜坡，寬度大約與中央場地寬度相等。環形球洞也不見了，變成了兩邊各三個鸚鵡頭形的標記。據說，球仍然是那種生橡膠製的球，重約五斤左右，但不能用手或腳觸球，而只能用膝部和臀部頂撞球。可惜沒能見到真的比賽，不知能否建議其發展為奧運會的比賽項目。

還有一些不確定的說法。在多處遺址發現一些重約二十噸的石刻頭像；其中有一個戴著一頂頭盔：有人說這是首領或武士裝束的一部分，但也有人說這是球賽隊員為預防五斤重的橡膠球砸破腦袋而戴的保護用具，猶如橄欖球運動員的全身披掛。可惜此種說法無法確證，不然關於體育比賽項目的傷害性問題又能找到可供參考的古今對比了。

然而，有一點是可以確定的：所有球場都建在神廟旁邊或乾脆與神廟融為一體。可見殺人的目的始終存在。在沒有領土、食物、配偶等等利害衝突的時候，人為地製造戰爭的象徵物，規定一種毫無道理的遊戲規則，製造輸贏，製造衝突，這大概真是只有人類才想得出的殘酷的文化產物。

人類有史以來，始終處於人口增長、利害衝突也增長的過程中。通過戰爭這種天然的解決方式，許多民族整個滅絕了，有些則長途跋涉去開闢新的生活天地。當今世界，除了兩極和一些實在不適於人類居住的地域外，所有角落都被人占領了。人們在企圖瓜分和再瓜分世界的兩次世界大戰之後，終於開始意識到和平，以及被人類污染的自然向人類報復的問題。

與此同時，人類也一直在用文化手段製造各種各樣的比賽規則，甚至人為地製造利害衝突，將剩餘人口的剩餘生命力、剩餘攻擊性引向一些與戰爭無關的方面，不致造成傷亡，但也不致造成強抑制後的爆炸。農林牧副漁、金銀銅鐵錫，工藝、商業、科學、教育、藝術、競技，各行各業都有昇華生命力的機會，各行各業都有自己的人造戰爭，各行各業都有自己的輸家和贏家。只是輸家並不必像瑪雅的傳統那樣，被拉去掏心受箭。

　　其實，輸贏又何妨？據另一種說法，球賽往往是起一種安慰作用，也就是那些不用去做人祭的一方故意輸球，讓對方象徵性地戰勝自己，然後走上神廟受死。真的，輸贏又何妨？假戰爭終歸是假戰爭嘛！對瑪雅人而言，總是要有一批犧牲；對現代人來說，群體終歸達到了釋放積聚的社會攻擊性的目的，個體則在奮進中體驗了自己的生命，實現了自我。

　　假的總是假的，象徵總是象徵。套用球迷的話說：是一場文化「刺激」。

政治的「黑話」

　　古代瑪雅城市是 halach uinic（意為「真人」）的一統天下。「真人」集政權、軍權、教權於一身。在他統轄的區域內，遍布各種規模的城鎮和村落，間或還有來自其他地方的飛地。「真人」上台執政期間，最主要的政務之一即是親自任命

自己屬下的各村鎮首領。

　　整個選拔、任命過程嚴格遵守傳統的程序，但表面上卻帶有類似公開招聘的開明形式。所有的候選人都「平等」地經受一種奇特的廷試。他們被問及一些模糊的問題，內容很瑣碎，不知底細的人往往被問得不明所以。只有得到關於這種問答知識祕傳的人才能對答如流，絲毫不差。這種祕傳的對答內容猶如某種黑話或切口，光知道其中幾句暗號還不行，只有全部答對才表示得了真傳，確實是自己人。

　　其實，我們這種敘述方式已經在迫不急待地拆穿戲法。實際情況下，這種訓問被認為是神意的揀選，答對的人被認為真正有資格當得起首領之職，他們當即被承認為入圍的領導階層。而那些丈二和尚摸不著頭腦者，或那些自作聰明，答非所問的人，則立刻被推出去處死。這類「有預排的即興發揮」節目在其他民族文化史中也不少見，然而，瑪雅人沒有用龜、籤或扶乩一類常見的道具，而是採用一種類似黑話的對白。形式公正卻不存在任何僥倖的機率，堂皇的規範背後隱藏著非友即敵的殺機。

　　這種文化魔術的目的究竟何在？讓我們看完再說。在一本叫《波波爾‧烏》（PopulVuh）的書中，以詩的語言描繪那些真正的首領前去接受職位的詳細過程，之後還不厭其煩地歷數他們「選」上首領後的加冕儀式，其中提到的各種象徵權柄和地位的物品倒是讓我們大大見識了「權威」這個詞在瑪雅文化辭典上的詳細注釋。所以，不妨把它節選於下：

然後他們邊說邊離開，／「我們去向日出的地方，／我們的父輩來自那裡。」

　　……

　　他們真的越過海洋，／然後到達日出的地方。／他們去接受首領的位置。

　　……

　　當他們來到／王的面前，／拿克西特（Nacxit）是偉大的王的名，／獨一無二的裁判者／擁有巨大無比的權力／正是他拿出權威的標誌，／所有的證物／然後是首領（ah pop）和／副首領（ah pop qam haa）的標誌／以及首領／和副首領／他們的力量／和權威的標誌／最後拿克西特拿出／首領的證物／它們是：華蓋／和王冠／鼻骨／和耳環／玉製唇飾／和金製念珠／黑豹爪／和美洲虎爪／貓頭鷹骷髏／和鹿／鑲有寶石的臂章／和蝸牛殼的手鐲／……鸚鵡羽毛的頭飾／以及御用鶴羽的頭飾／於是他們全部收下／然後帶回……

　　和「真人」一樣，這些首領在村鎮上以較小的規模行使管理權，與地方祭司一起負責所有祭祀娛神活動。平常，這位父母官從農事管到訴訟，戰時則理所當然地成為地方武裝的頭領。他們一經選出，終身盡職，並且必須永遠對「真人」絕對服從。

　　這樣一種終身制的分封關係如何保障封疆大吏自治而不割據，重權在握盡職而不僭越呢？問題的關鍵好像還是在於區分

敵友的祕傳知識。

　　未來的首領們憑什麼胸有成竹地準備好去接受職位？他們顯然對首領選拔過程的有關知識瞭然於胸。他們正是帶著這種特殊群體的標誌，到他們的父輩所承襲、他們自己天生就從屬的那個地方尋回應有的認同感。

　　這個群體，這個統治階層的標誌不是什麼族徽、譜牒，也不是什麼寫在臉上的證據，更無法像現代醫學發達條件下做什麼血液、基因檢驗；而是通過一種口傳的族史、祕密的「黑話」，維持著血親的凝聚力，保證著統治階層的家族純潔性。

　　瑪雅的繼承傳統是長子繼父，兄弟共榮，兄終弟及，叔侄同政。總之，王室是世襲唯一的一個家族。高級祭司用各種圖譜和口傳祕史來教導成員的家族認同感，盡可能維護這個家族對王權的獨享。「真人」一詞也暗含這種純真的特性。

　　由此而再觀各村鎮首領遴選時的近乎荒誕又極其殘酷的一幕，就不難理解了。只有本圈子內的人才有可能得祕不外洩的「黑話」真傳，從而才可能是「真正」適合於首領職位的人選。而那些新貴的暴發戶、外來戶或其他覬覦統治地位的人，作為異己和後患，當然要即刻鏟除，毫不留情。這樣決絕的做法，從進化角度看，當然有文化近親繁殖的弱點，但是，也正是靠了這種嚴格的「黑話」制度，統治階層保持了其在政治上的穩定性，維護住單一家族對廣大百姓的轄制。

　　「文化」就是把一種社會秩序中的利害衝突不斷加以文飾、解釋、轉譯，讓既得利益的統治階層有各種理由來維護現存的社會秩序。瑪雅人不僅以耳、鼻、唇等的身體標誌和從頭

到腳的全套專有裝飾來固定統治者的角色形象，借助於人為製造的繁瑣累贅的文字符號、甚至神王名符來輔助這種統治的世代相傳，而且還想出一種祕傳的口頭文化，在那些證物、徽號以外，做內化、內隱的識別祕碼，更為嚴密地保障一種統治世襲制度。這些文飾、解釋和轉譯組成了絢麗多彩、精美神祕的文化外觀，讓本民族百姓順應甚至自豪，令外邦人迷惑而又驚歎。然而，當不明所以的人試圖接近這個權力圈的時候，就會在神聖的考問中被稀里糊塗地殺掉！文化並不只是一些花樣，當外來者為那些瑣碎無聊的問話暗自發笑時，雕著精美花紋，用過多次的屠刀已經架在脖子上。

Chapter 5
萬神殿・山海經

眾神的世界・魔鬼的勾當

　　神秘的瑪雅文明給人最直觀的印象在於其無所不在的神靈。在這個神龕充斥，略顯擁擠的世界裡，卻產生了那麼多科學上偉大的發明創造，真是件奇怪的事。更奇怪的是，從歐洲文明世界泛海而至的西方人，一葉障目，不能從「邪教」這座「泰山」中發現寶藏，反而把人類智慧的「富礦」毀作傾頹的廢墟，把瑪雅人在天文、數學、曆法、編年、文字、藝術、信仰諸方面的天才創造污蔑為「魔鬼的勾當」。

　　西方殖民者自己在新大陸確實幹下了文明史上最惡劣的「魔鬼勾當」——種族滅絕和文化摧殘。

　　那麼，在「魔鬼的勾當」之前，瑪雅「眾神的世界」又是怎樣的景觀呢？讓我們看一看瑪雅人宗教演進的歷史。

當初，瑪雅宗教可能只是簡單的自然崇拜，把影響並規定他們生活的自然力量人格化。太陽、月亮、雨水、閃電、颶風、山川、森林、河流、急湍，這些自然力量包圍著瑪雅人，其交互作用構成了他們漁獵生活的背景。

　　這樣簡單的自然力崇拜並不需要什麼像樣的組織形式，沒有祭司和祕傳的知識來闡釋它，沒有一套祭祀的儀式和精心設計的儀典來演示實踐它，也無需特別的地點來用於崇拜，比如廟宇之類。毫無疑問，每個一家之主同時也理所當然地是這個家庭的「祭司」，家庭廟宇無非是一處臨時的小茅屋，緊挨著居無定所的臨時住處。這種情形直到現代，還能在個別偏遠的瑪雅部族中看到。

　　隨著農業生產方式的興起（最早可能是由外部引進瑪雅地區），出現了固定的居所和較多的閒暇。這時，瑪雅宗教變得日益體系化，眾神自己也越來越特殊。肩負向羣眾詮釋、傳達神的意願等事務的祭司發展起來，一種對更加像樣的宗教場所（聖地、廟宇）的需要增長起來。宗教成了一種少數人對多數人的事務。定居生活使得較為永久的儀式中心變得可能，也有信心去建立野心勃勃的聖地（花費長期艱苦的有組織的勞動），並發展更加精細的儀式。

　　許多個世紀，或許有幾千年，就在這樣的過程中流逝了。在這段時間裡，瑪雅宗教無疑變化相當緩慢，個性化的神祇在發端，祭司集團在形成，繁複的儀式和精緻的聖地（還不是石料建築）也逐漸確立。

　　這段時期結束於瑪雅曆法紀年 70000 年或另一說 76000

年，也就是公元前三五三年或二三五年，其成果是瑪雅人先進的農業、高明的曆法編年和精緻的象形文字。

　　確實，曆法、編年和象形文字這三項祭司的發明專利，給瑪雅宗教帶來了重大的轉折，使得它越來越複雜化和形式化了。一種獨特的宗教哲學漸漸成型，它圍繞著日益重要的天文現象，包含著曆法編年中的神祇。考古發掘工作基本上證實了這種重大的宗教轉折，公元前三世紀乃是其重要的時間標誌。

　　從這以後，特別是材料較多的瑪雅古典時期（下限為公元九世紀），瑪雅宗教哲學並無重大變化。它相因相襲，幾近千年而不改。也許是因為瑪雅人把創造的潛能都宣洩到需要耗費大量人力、物力、精力、心力的石料建築、雕刻中了，那種勞神費力的方式，乃是精神上不斷重複的「論證」和「固化」。

　　到了公元四世紀，瑪雅文化——主要是它的宗教哲學上鮮明的特徵——已經牢固地確立下來。在被認為是瑪雅文明策源地的重要地區，如佩騰湖畔，瑪雅宗教已成為一種高度發達的「迷信」。它以自然力量的日益人格化、越來越老熟的哲學之複雜融合為基礎；天體被神格化，時間被用世所罕見的各種各樣形式加以崇拜。這一由公眾共奉的宗教，本質上卻又是高度祕傳的，由一個組織嚴密，包括天文星象家、數學家、先知預言家和精通儀式者的祭司集團掌握和詮釋。隨著它與社會生活越來越複雜地交織一起，則又派生出世俗的力量參與詮釋和主持，這也就是巫王共源的文化史之一般規律在瑪雅的體現。

　　十世紀以後的後古典時期，政治與宗教的聯姻日見明顯，這或許也有外來軍事征服導致宗教衝突、變異的因素。墨西哥

中部來的托爾特克人帶來了人祭和偶像崇拜等較低級的東西。從古典期各種雕刻的和平主義宗旨看（幾乎沒有人祭），那時的瑪雅宗教必定是莊嚴堂皇的，而不會像人祭那樣噁心殘暴。在古典期這個瑪雅文明的黃金朝代，似乎也沒有廣泛使用偶像，無論是石頭、木質還是陶製的。而我們知道，宗教發展到較高級階段，就會日益抽象化，日益針對人的心靈。比如說基督教就反對偶像崇拜，上帝無須經過世俗形象也能在人的內心生根。而中國先秦也是因為不崇拜具象的神靈，才促進了理性主義、人本主義。

以十世紀為轉折，瑪雅宗教略失水平。除了繼續建造公共的大型宗教建築和偶像之外，政治貴族、宗教祭司和社會要人也在他們自家設立小型祈禱場所和私人的偶像，他們自己私下做禱告和獻祭。他們的偶像實在太多了，顯得神祇都不夠用了，因為他們幾乎把每一種動物或昆蟲都做成一種塑像。

一位十七世紀的西班牙傳教士在描寫佩騰—伊扎湖畔最後一個獨立的瑪雅城堡塔亞沙爾（Tayasal）時寫道：「他們的公共偶像，就像鱗次櫛比的街道房屋一樣多。」有人說瑪雅偶像有十萬個以上，甚至有人說上百萬個。即使這兩種說法誇大其辭、言過其實，但也不必細數，幾乎所有當年遊歷過瑪雅地區的著者全都同意有著巨大數量的偶像存在。實際上，每個瑪雅人，無論是貴要還是祭司，無論是富人還是窮人，全都有他自己私人的偶像崇拜物。

在這一大羣神靈中，許多是專職祭司的創造物，我們不妨稱這種「創造」乃是祭司們欺騙人民的手段。普通瑪雅人，那

些種玉米的農夫用血汗換來了整個龐大複雜的政治、社會、宗教體系。他們認為他們之所以活著，是得了雨神恰克（Chac）之恩賜；神一發怒，他們也就要遭殃了。這樣一套觀念及其在世俗生活中的功能，構成了瑪雅人世界的「真實」。

各顯神通的神，各有所求的人

　　一位哲人說過：「人因為有所求，才產生了神；人因為有所懼，才抬高了神。」

　　瑪雅人的宗教信仰也同樣遵循這樣的規則。他們為自己各種各樣的世俗願望尋找超自然的幫助，這從他們獻祭的方式可以得到證明。他們的獻祭行為是為了討好神靈，帶有「等價交換」的色彩。他們獻上食物、菸草、果子、蜂蜜、魚肉、羽毛、獸皮、貝雕、玉器、掛飾等等，有時也獻上活的動物，甚至活人血祭。至於獻什麼，往往與他們願望的緊迫程度有直接關係。若是一般為了治病療患、解決麻煩、打獵有獲之類事情，那麼獻上一點食物、飾品也就可以了。若是為了請神靈關懷大事，如洪水、瘟疫、蝗災（頻繁發生）、飢荒等等，那麼就不惜流血了。尤其是向雨神祈雨，更是非人牲獻祭不可。

　　為了人神之間的這種「等價交換」關係，無論個人還是整個部落，都發展出一套適合需要的儀式。通常每個儀式都要經過六個階段：（一）先行齋戒的節慾，包括對主祭祭司和本人暫時禁忌性生活。這是精神上潔淨的象徵。（二）預先通過祭

司占卜來擇定吉日。瑪雅觀念中，每一日都由特定的神靈專門分管。（三）先行驅逐參加儀式禮拜的人當中的邪惡災靈。（四）對著崇拜物焚香。（五）祈禱，向神靈提出要求。等到開列完「貨單」之後，就該輪到「支付貨款」了。於是第（六）項是獻祭。獻祭中最為虔誠的做法，當然少不了用鮮血。犧牲流出的血塗在神靈偶像的臉上。塗血的惡習常常使得祭司們污臭不堪，因為他們自己也塗血，以致他們的頭髮常因凝血而板結，像亂蓬蓬中令人噁心的臭拖把。

大多數瑪雅宗教崇拜儀式都是以酒宴告終，通常爛醉狂歡是必不可少的尾聲。這表明，神靈聽取了人們的訴求，顯示了神通，人們也就心滿意足，要好好慶賀一番了。

人們需求的多樣性，也就使得神靈五花八門。瑪雅各種級別、各種法力的神靈多如牛毛，幾乎每一件事物都有它自己的神靈。當然，在這龐大的神族裡，最有力量，最常被人祈求的神靈並不太多，差不多只有十來個神祇參與大多數崇拜儀式，而其他神靈只限於在特殊的場合或為特殊的需要才被求助。

讓我們從存世的幾種瑪雅經卷，即本書〈焚書不盡，智慧千古〉節所列的幾種，看看究竟哪些神祇構成了瑪雅神系的主幹。根據經卷抄本中的出現頻率，共有十個神祇地位顯赫。胡納伯·庫（Hunab Ku）是創世神。但這位造物主被架空了，對人們的生活無甚影響。也許是太遙遠、太抽象了。瑪雅人倒是對這位造物主的兒子——造人的天神伊扎姆納（Itzamna）特別崇拜，他在僅存的幾部經卷中就出現一〇三次。

天神伊扎姆納似乎是一位上了年紀的男性，沒有牙齒，臉

色古銅，長著引人注目的羅馬式鼻子，間或有鬍鬚（見圖9）。瑪雅建築浮雕上，或者單刻他的頭，或者專刻他所代表的那個日期的符號（Ahau），代表著主宰。他是 Ahau 這一天的保護神，這一天是二十天周期最重要的一天。他是晝夜的主宰，太陽神（Kinich Ahau）可能只是他的一個表象。他是瑪雅文字的

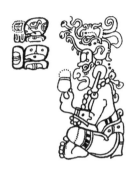

〈圖9 天神〉

發明者，也是尤卡坦各地命名並劃分區域的最高祭司。這聽起來頗像中國神話「禹平水土，主名山川。」（《尚書・呂刑》）或「芒芒禹跡，畫為九州」（《左傳・襄公四年》）中那個或巫或王的大禹。伊扎姆納還是曆法和編年方法的發明者。另外，由於他常常對付災荒、病害，故而就以藥神的面目出現。總之，他對待人們是非常友善的。慈愛的父親，瑪雅人需要他在天下照看自己。

　　雨神恰克（Chac）是一位後來居上的保護神，他大約是後古典時期從墨西哥中部「移民」來的。他的形象特別，長著安徒生童話人物匹諾曹那樣的尖長鼻子，彎曲的長撩牙一前一後伸出來，頭飾是打結的箍帶（見圖10）。他的名符是一隻眼睛，邊上一正一反的空心「T」形，代表眼淚，代表雨水、豐饒，代表 Ik 這一天，他是該日的保護神。

〈圖10 雨神〉

他是風神、雷電神、豐產神、農業神。他不僅代表著生長，甚至直接代表了玉米地。那個從東南西北四個方向紅黃黑白四個大缸裡取水行雨的善神就是恰克。由於與瑪雅人的農業生產息息相關，它受到的崇拜最多，存世的經卷裡有二一八次出現他的名。

〈圖 11 穀神〉

穀神吁姆‧卡盧（Yum Kax）出現九十八次，也相當重要。他的形象年輕清秀，通常用玉米作頭飾（見圖 11）。他是個勤儉的神，有時又是森林之神。他有不少敵人，這大概也是玉米生產時常遭遇自然災害的實際情況在觀念中的反映。這位穀神頭飾有不少變體，他出現的場合也千變萬化：和雨神在一起時，象徵著受到庇佑；而與死神同在時，鬥爭一定很激烈。

死神阿‧普切（Ah Puch），露面八十八次。他的形象比較可怕，骷髏頭，無肉的肋骨，多刺的脊柱（見圖 12）。假如他穿上衣服，則有黑圈圈代表腐爛。他的頭上、頸上繫著金質小鈴鐺，不知是何用意。他的名符有二：一是閉目的頭像，象徵死亡；另一個是沒有下顎的形象以及殺犧牲的刀。他的保護日是Cimi。他是第九層地獄的主宰，一個十足的壞神。他總和戰神、人牲的符號一同出現，或者與貓頭鷹等被認為是罪惡

〈圖 12 死神〉

的凶兆為伴。他在病人的房前徘徊，為的是獵獲可憐的人。

〈圖 13 北極星神〉

北極星神夏曼・艾克（Xaman Ex），出現六十一次。他的鼻子形狀扁平，名符就是他的頭像，頗似猴頭（見圖 13）。他被視為商旅的指南（實際上是指北）。無疑這是一位好神，瑪雅曆的 Chuen 日歸他保護。

黑戰神艾克・曲瓦（Ek Chuah）是黑色形象，他的下唇肥大下垂，嘴外圈總是紅棕色（見圖 14）。他的名符是黑圈的眼睛，黑色自然是代表戰爭。他的性格具有兩重性：作為惡神，他手持利矛，在洪水的災難和慘酷的戰鬥、殺俘的活動中出現；作為好神，他像個背著貨物遊走各地的商旅，大約古代瑪雅的貿易是武裝販運。他相貌有時長得像北極星；他保護著可可的種植。為他舉行的儀式在 Muan 月份。

〈圖 14 黑戰神〉

經卷中還三十三次出現戰爭、暴死、人祭的神，他當然總是與死神有關。他的眼眶邊有黑線，一直伸到臉頰（見圖 15）。他的名符是頭像，前

〈圖 15 戰爭、暴死、人祭之神〉

邊的符號是瑪雅數字十一。他的保護日是 Manik，他的標誌是握緊的手，代表抓獲了戰俘或獻祭的人牲。在那些臨祭的場面中，他與死神一同出現。作為戰爭之神，他一手執火炬燒房子，一手用劍拆房子。他是戰爭、暴死、人祭三位一體的神祇。

〈圖 16 風神〉

　　風神（見圖 16），可能就是瑪雅—墨西哥著名的文化英雄庫庫爾康（Kukulcan）。他在後古典時期出現，是一個部族強人被神話化的結果。他與雨神一同出現，為雨神掃清道路。這個好神庇護瑪雅曆的 Muluc 日。

　　還有一位水災、紡織、懷孕、月亮女神（見圖 17），她叫伊希切爾（Ixchel）。這是一個怒氣沖沖的老太婆，她的小瓶子裡盛滿洪水。她一發怒，就對人類進行譴罰，向大地傾倒。我們從「大地為水災所滅」圖中可見其威力。但她也有善意的一面：作為天神伊扎姆納的配偶，她代表月亮。太陽神、月亮神正好匹配。從她掌管紡織一事看，她又是創造發明神。她被畫得充滿敵意，頭上有一條扭曲盤繞的毒蛇；她的裙襬上有交叉骨頭的恐怖

〈圖 17 水災、紡織、懷孕、
月亮女神〉

圖案；她的手和腳又像凶猛動物的利爪，所以她又被稱作是「虎爪老嫗」。

〈圖 18 自殺女神〉

瑪雅人常常提到自殺女神伊希塔布（Ixtab）（見圖 18）。對於自殺如此重視，不無原因，可參見「天堂之門為誰而開」一節。她的性別特徵極為鮮明，誇張地描繪了她的胸乳。她的雙眼緊閉，意味著死亡；臉頰上的黑點，代表著腐爛。屍身死亡了，但她的靈魂卻被天堂上垂下來的絞索接走了。

瑪雅神靈的象徵意味包羅萬象。我們首先應該想到，種種關於神靈的「說法」，無非都是關於人自己生存境況的「敘述」。不僅瑪雅人有著各種各樣的歡樂與苦惱，世上所有活著的人、曾經活過的人也都是如此。

所以，無論瑪雅人也好，其他古代民族也好，甚至現代許多人，都尋求某種超自然、非現實的信仰力量來支撐。這裡並不必要匆匆地論出是非，僅僅只須對一個「文化事實」作出確證——它存在著。

4＋9＝13

瑪雅人的世界裡有許多神秘的數字。外人不明就裡，乍看之下，真不明白他們特特意意、煞有介事的專選數字究竟有什

麼與眾不同的特性。

　　人們特別不理解祭祀曆一年二六○天的周期。這又算哪一路數、什麼家法呢？二六○天既不是雨季或旱季的長度，也不是太陽運行高度的周期，甚至都不是人類懷孕期的長度，太陽系也沒有一顆行星按這樣的周期運轉。

　　原因僅僅在於二六○是二十與十三的乘積！二十是瑪雅人基本的計算單位。這一種進位制的來源恐怕與扳十個手指、十個腳趾的動作大有關係。而十三的重要性與其說是自然的原因，不如說是宗教的原因。儘管月亮在一年中繞地球公轉十二圈半，盈缺圓虧將近十三次，但是天文知識達到那麼高水準的瑪雅人是不會輕放過這○·五圈的。他們著迷於十三這個特選數字，是因為他們早已經把天分為十三層了。

　　要理解瑪雅的十三層天堂，則還要知道瑪雅的地獄分九層。天堂和地獄是攣生聯體兒，誰也離不開誰：沒有地獄的觀念，何來天堂的嚮往。所以，十三必定要和九放在一起，才能看出意義來！

　　我們有限的常識已告訴我們，這兩個數字可是非比尋常。印度吠陀詩中三個天、三個地、三種大氣，一共九個世界；西方人避十三如瘟疫，中國人視九為大吉祥，似乎與瑪雅人對這兩個數字的印象來個大大的顛倒。文化就是顛來倒去，沒準兒在什麼時候犯哪一股邪勁兒！且不管它褒貶愛憎的情感取向如何走上截然相反的軌道，說到底，世界四大主要文明區居然都對十三和九這兩個數字發生了這麼大的情緒反應，豈不該好好清算一下。

然而何從下手呢？我們也扳扳指頭，列列等式：原來一旦缺少四，則九和十三還聯繫不上。四又是什麼樣的數字呢？

數學家說：四就是四。

文化人類學家卻說：四這個數具有極高的神秘意義。「幾乎在一切紅種印第安人部族裡，四及其倍數都具有神聖的意義，因為它們專門涉及東南西北四方和從這四方吹來的風；而希臘人劃各端相等的十字，也是四這個數的自然崇拜的標記和符號。」❶

十字架代表了四。這樣一來，四的文化覆蓋面可就真是夠大的了！埃及金字塔的形象也不會讓人忘記四這個神祕數字。最最說明問題的是，瑪雅人建造了成千上萬的「金字塔」形壇廟，無一不是從四面向上遞增的階梯；唯一一座圓形天文觀象台，也在東南西北四個方向開了觀望的窗口（還有東南、西南、東北、西北四個窗口）。

瑪雅宗教中最受愛戴的雨神，備有四口大缸來儲存雨水。管東方下雨的大缸是紅色的，管南方下雨的是黃色的，管西方下雨的是黑色的，管北方下雨的是白色的。雨神行雨之時絕不含糊，明確具有方位意識，分別從不同的大缸中取水施雨。

瑪雅宗教中時常舉行的人牲獻祭儀式，也要有四名助祭的祭司，他們在高高的金字塔頂上，各自按住人牲的四肢。瑪雅繪畫在描繪這個場面時，不管篇幅是否狹小，通常都會一個不

---

❶ Buckland,「Four as a Scared Number」, J.A.I., xxv. PP. 96～9，引自《原始思維》（〔法〕列維—布留爾）。

少地把這四位祭司一一畫全。

「四」這個數被認為是北美南部、西部以及中美洲地區所出現的複雜變化、撲朔迷離的數字神祕主義的基礎。例如，蒲埃布洛印第安人，他們的宗教儀式要持續九天，然後再加上四天狂歡，合起來正好十三天。圖查安人的儀式要是講究起來，則要持續二十天。

瑪雅人二六〇天的祭祀曆，顧名思義，正是專為宗教儀式活動所設。十三個月實際上正是十三套儀式，每套二十天。每個月都是由各不相同的神靈率領的，在這個月的二十天中是輪到這個神值班，那個月就又由那個神當值了。

四、九、十三，三個最為重要的神祕數字構成了瑪雅文化最具象徵性的部分，貫穿在從高大、堅固的金字塔到虛無飄緲的天堂、地獄等等一切方面。如果說一個社會的文化可以有它的基本表達式的話，那麼瑪雅就是——4＋9＝13

真理與痴想

大多數接觸過現代瑪雅人的學者都認為瑪雅人很聰明。據他們回憶說，瑪雅人走在路上，一雙銳利的眼睛不會放過道路兩旁發生的任何動靜。此外，他們的記憶力和想像力也是驚人的。而這些得高分、獲好評的優秀人種的品質不僅僅表現在學者們帶回的一大疊一大疊巨塔偉壇、神廟石像的照片中，還體現在學者們半帶好奇、半帶神祕轉述的瑪雅迷信當中。

有那麼多空餘的時間和富餘的勞動力去完成那些堪稱世界奇蹟的工程，說明瑪雅世界雖然沒有金屬器具的大量生產，但文明程度、消費者與生產者的比率已經達到了一個相當高的水平。那麼，瑪雅人以同樣天賦的智慧，在空餘的時間探索自然萬物中的因果關聯，也就是很自然的事了。

　　迷信總是和人類對天文、地理、數理、人文最初的探討、最初的智慧攜手而來。早期人類對它們深信不疑，把它們視為同其他生活常識、自然知識一樣，對人們的生存非常重要的經驗，認真遵行，並且代代相傳。

　　從現代人的角度看，迷信之為迷信，是因為這些事物的人為聯結不存在確實可證的相關關係，更談不上因果關係。然而，所謂「確實可證」，也不過是一個受人類的認識程度局限的概念。在伽利略的自由落體定律提出之前，亞里斯多德得自於日常觀察的理論聯結也從未受到過非議。在弗洛伊德「恬不知恥」地聲稱幼兒有性意識之前，所有人都不假思索地認為小孩子是個無性體。

　　當然，在人類的認識史上，最難認識的是自身。物理世界、化學世界，甚至生物世界，都在人類的刨根問柢、解而再剖中逐步透露出種種「確實可證」的因果規律，可就是人自己的思想、感受、命運，生老病死、婚戀嫁娶，始終困擾著每個有幸來人世走一遭的人，卻還沒有個世所公認的「命運元素周期表」什麼的，讓人自豪自豪。

　　這些永恆的母題在標榜科技的今時已成為未來科學獎獲得者的課題，等待著比手術刀、電極探針更先進的科技產品的切

割；而與此同時，又已為廣大不知內情也不想知內情的人類大眾所不齒。哲學、心靈感受、美感、宗教，對大多人來說都成了與生活關係不大的東西，只有那些半瘋半痴的人才去想的問題。然而話又說回來，人們對夢、兆、死、運的關心和解釋卻從未真正消逝過，各種釋夢、釋兆、釋生死、釋運命的說法，不管是否「確實可證」，始終在不同規模的人羣中流傳。

瑪雅人的迷信（不可確證的堅信、執迷不悟）也集中在這些方面。比如「夢」，如果一個人夢到自己遭受拔牙之類的劇痛，那麼他的一個近親就快死了；如果夢中的痛楚較輕，那麼將死的是他的一位遠親。夢到紅色的馬鈴薯，預示著嬰兒的死亡；夢到黑牛衝進家裡或夢中摔碎水罐，都預示著家人的去世。現代精神病學說：夢確實有預警、徵兆的功用，現代醫學還發現夢是人體生理系統的警示器。不過，即便用這樣堂皇的「學術理由」，也只能模糊地解釋夢中痛楚的預告作用，而紅馬鈴薯、大黑牛還是太具瑪雅的地方色彩了，域外人是無法承認其普適的真理性的，只好認定為迷信，姑且說給大家聽聽。好比《百年孤寂》的魔幻寫實主義，讓人無法置信，又引人入勝，有時覺得假如真的生在當時當地，信也就信了。

再如「命」。瑪雅人認為如果把火柴掉地上了，火柴仍能繼續燒，就是個好運的兆頭；假如火柴掉下後能一直燒完，那就表明把它掉下去的人一定長壽。打獵的人如果把打到的鹿的鹿頭、鹿肝或鹿肚賣掉，就必定會在日後遭到厄運。由此還引申出一些詛咒他人的惡毒辦法：比如想害某個獵戶交厄運，只須向他買些鹿肉，再把骨頭扔進井裡。

迷信大多涉及人們最關心的事情，人們常常因為太想在這件事上交好運、獲成功而不願冒險去違反一些本來就很容易遵守的小原則。這也是許多關乎人生大事的迷信經久而不衰的一個主要原因：誰也不願為檢驗這些原則的真偽而冒斷送自己人生幸福的險。

「婚姻迷信」就是這類幾乎天然具有「顛撲不破」特質的一種。瑪雅人選用的居然是房間裡最不起眼的掃帚。據稱，掃帚掃過男孩的腳，會使他娶進一個老年妻子，掃帚掃過女孩的腳則會讓她嫁個老頭。可以想像，瑪雅媽媽們打掃房間時，一定不會有她那些大大小小的孩子們在屋裡搗亂。

另外、還有一些一般的徵兆，彷彿中國黃曆裡的「宜」與「不宜」。比如看到蜻蜓飛進屋、貓咪洗臉、蝴蝶高飛，都表示有客來到。瑪雅曆中，二十天一個月不同的日有吉日、凶辰之分。平常瑪雅人看到紅眼睛的綠蛇、大得出奇或小得出奇的雞蛋，聽到貓頭鷹叫，都是凶兆。每家每戶門前放上些裝食物的葫蘆，家裡幾口人，門前就放幾個葫蘆，以袪病消災。這些說道和中國民俗講跳眼皮預兆吉凶等說法有共通之處，很難排除人所受暗示的影響。

關於天氣的許多徵兆則介於迷信與科學之間。比如，燕子低飛有雨，高飛則放晴；玉米葉薄預示冬天較暖和，葉厚預示寒冬。瑪雅人還把蟬看作是非常重要的天氣預報專家，根據牠的活動來確定他們一年中最重要的燒田活動。這些做法和說法，和中國古代流傳久遠的諺語一樣，其中確有人類觀察思考、經驗智慧的結晶，在人類掌握一定生態學規律的今天，是

可以理解並接受其「確實可證」性的；但在不久之前，也曾被斥為偽科學一類而遭到嘲笑。

同樣，對瑪雅人留下的文字、數算、曆法、建築、天文等成就，我們現在稱為燦爛文明、早熟智慧；而對於他們留下的釋夢、釋兆、釋生死、釋運命的說法、做法，我們是以文化手段、甚至冠之以迷信來介紹的。當我們用我們的真理標準、真知標準去衡量一個過往民族對生活、對自然的思考和解釋時，焉知這些標準、甚至把握這些標準的我們有多少真智慧？

通神者說神

瑪雅文獻的研究史上出了兩本奇書：一本是《基切—瑪雅人的聖書波波爾‧烏》（The Popol Vuh Of the Quiche Maya），另一本是《契蘭‧巴蘭》叢書（Chilan Balam）。

第一奇，奇在馬雅文獻的湮沒不聞。西班牙殖民者入侵瑪雅之後，不僅在軍事上與瑪雅人的反抗展開較量；在文化上，兩個民族也發生了衝突。西班牙人信奉的天主教教義與瑪雅祭司集團所代表的信仰格格不入。結果，西班牙軍隊的隨軍主教迪耶戈‧德‧蘭達竟然策劃了一次大規模「焚書坑儒」。

一六五二年，他下令將所有瑪雅書籍付之一炬，並將瑪雅祭司全部處以火刑。瑪雅祭司集團全權掌管著用象形文字記錄的瑪雅歷史、文化知識，他們是瑪雅社會的知識階層。蘭達這麼一燒，致使瑪雅歷史文獻只剩下四本倖存的手稿。同時，有

能力識讀和書寫象形文字的祭司全部遇害，致使那些倖存的真跡成為天書，至今無法破譯。有志於研究瑪雅歷史文化的學者不得不另闢蹊徑，從西班牙人留下的文獻中捕捉瑪雅的影子；甚至於那個下令毀滅瑪雅文獻的蘭達主教，居然也成了瑪雅史料的主要見證人之一。

西班牙人毀滅瑪雅文化的做法如此決絕，主要原因（據他們自己的說法）是認為瑪雅人的神祇、文字太像魔鬼所為。也許潛意識裡也暗自驚異於他們完善的知識體系，雖然異於西班牙人熟知的常理，卻也是匪夷所思、奇特而高度發達。這使他們心底發怵，感覺到一種文化上的威脅。

可惜，瑪雅社會的嚴格分工使普通百姓完全無法接近這些文字。西班牙人處死了占瑪雅人口一小部分的祭司，就相當於在中國把所有儒生、包括識字的一切人全都處死了。於是，雖然瑪雅人一直守著自己的語言、守著自己的信仰和生活方式，直到今天，卻沒有人能看懂自己民族的文字、自己祖先留下的史書。那倖存下來的四本文獻，分別收藏於歐美不同國家的圖書館或私人手裡，只能作為一種古董，供人觀賞。

由於這一獨特的原因，其他文獻的價值都被逐次抬高了。其中被認為最有價值、最接近瑪雅文化原型的，就是本節開首所提的那兩本書。

第二奇，奇在這兩本文獻資料的瑪—西結合。今天能夠讀得懂的瑪雅研究文獻全部出自當年的西班牙統治者之手。蘭達主教本人就寫下許多瑪雅見聞。當然，這類記錄必定會有許多歪曲和臆斷；但在資料奇缺的情況下，也成為最常被引用、最

有權威的資料來源之一。這實在是瑪雅文化的悲哀。

《基切─瑪雅人的聖書波波爾‧烏》是一六八八年，由編年史家弗郎西斯科‧希門尼斯譯成西班牙文的，基本保留了原文本的內容，與那些由西班牙人撰寫的《尤卡坦編年史》、《瑪雅人編年史》之類相比，參考價值更高些。當然，後者成書於征服時期開始後不久，並且還可以同有關文物、口傳文化相互參證，也是瑪雅研究的重要資料來源；但是，和《波波爾‧烏》一書相比，參考價值的位次還要略往後排。

《契蘭‧巴蘭》叢書的產生較富戲劇性。它起源於西班牙傳教士的傳教目的，最後卻變成保存瑪雅文化的重要工具。真是歪打正著。西班牙人入侵、征服的塵埃剛剛落定，天主教傳教士們就嘗試著讓瑪雅人接受西班牙語。他們想用西班牙文本教瑪雅人認字，讓瑪雅人口說自己的語言，但記錄、書寫時完全採用西班牙文字系統；他們希望以這種方式，最終促進瑪雅人向天主教皈依，讓他們慢慢擺脫魔鬼的異教以及附屬於那種異教的一切。

當他們開始實施這一做法時，還有一個因素增進了他們的信心。西班牙人發現，用西班牙語記錄瑪雅語言，在音系上只須添加極少的音素。確切地說，只需在西班牙語音體系中加上兩個音素，一個是葡萄牙語中的 x，發音如同漢語的「西」；另一個採用創造的符號。來表示，發音如同漢語中的「茲」，現在這個古怪的符號被 dz 取代。加上這兩個音，西班牙語的字母表就完全可以為瑪雅語記音了。西班牙人的這種文字改革很像給象形文字引進表音的拼音系統。所不同的是，他們將瑪

雅人的文字系統毀掉，把自己的字母拼寫系統強加於人。實在是強盜相。

所以，瑪雅人在無奈中採取了「曲線救國」的辦法。那些原來希望被用來為天主教張揚教義的西班牙字母，現在被用以記錄瑪雅人的歷史和文化。瑪雅人真的將它們變成自己語言的新的記音符號系統，用它記錄和傳承自己的文化。《契蘭‧巴蘭》叢書就是在這種情況下產生的。這套叢書是由許多村莊各自的史書組成的。它們共同的特點是，用歐洲人的紙張、西班牙文的字母，寫瑪雅人的語言，記瑪雅的歷史和文化。

瑪雅自己的文獻已沒有人能看得懂，現有的瑪雅文獻全都是用西班牙字母寫的。然而，最奇的還是瑪雅文獻中留下的內容。所謂 Chilan Balam，直譯是預言家、美洲豹。預言家指瑪雅祭司集團中的一種，他們能經常與神溝通，將神的啟示或諭告傳達給人們；他們還能占卜，預言未來的天上人間之事。美洲豹是瑪雅神的化身，象徵著神藏的神祕東西。整個書名可以意譯為「通神者說神」，講解各種神祕的知識。它可能是那些倖存的，掌握文化歷史的瑪雅人向他的同胞講述自己民族的古老知識。以前這些知識是貴族和祭司階層的專利，千百年來都是用象形文字記錄在圖譜上的。現在，說書人未變，但改成了西班牙語記音，內容也大致上保留下來。

《契蘭‧巴蘭》叢書有許多本，每本都是寫某一個村鎮。比如，《馬尼的契蘭‧巴蘭》（The Book of Chilan Balam of Mani）就是在馬尼村所寫成的。現在知道的有十一、二本《契蘭‧巴蘭》的片段，最重要的幾本分別是馬尼

（Mani）、提茲明（Tizimin）、除馬那爾（Chumayel）、卡烏阿（Kaua）、伊西爾（Ixil）、涂斯伊克（Tusik）等。

這些文獻的內容非常豐富。有預言、神話、祈禱，有首領的考試、儀式，有天文學資料、咒語、歌曲，還有時事記錄（比如處決、流行病等）；最重要的是，還有對瑪雅古代歷史的編年概述。文體、資料來源也很複雜。由於它們畢竟是西班牙征服之後的產物，而且經過語言上的轉記，所以，將這些混雜之文集中的所有記錄都當作瑪雅文獻的原件是過於草率的。但是，目前學術界一般都認可其中的編年史記載，認為這是對一些圖譜原件內容的抄錄，而那些原件已經失傳。至於其他內容，很可能是抄錄、回憶和口傳文化的綜合產物。

《波波爾‧烏》是以西班牙史家的眼光編譯成的，因此，它不僅記載了書中原有的許多瑪雅神話和史詩，而且也多少反映了外來文化人對瑪雅文化古蹟的觀察心得。從形式上講更為規範有序，從內容上講也更加連貫易懂。

總之，這兩本意外成為瑪雅文獻核心的奇書，成為學者們參考最多的資料。

這兩本書，雖然有這樣那樣毫不搭軋的特點，但是在性質和內容上具有一種共性：一本是聖書，另一本是占卜者的預言；它們都是得自於瑪雅祭司集團的真傳。正是因為這個具有專業性的來源，增加了它們的權威性。這兩本書包含了文化人類學家最關心的瑪雅文明的核心部分，那些已被時間淹沒或已被西班牙入侵者毀掉的部分。書中記述的那些久遠的神話、編年的歷史大事、天文學知識，以及那些曾一度祕傳於小圈子內

的儀式知識，是無法在現代瑪雅人的生活中觀察到的，也是最有價值的。

當年由瑪雅人之中的通神者祕密記錄、講授的東西，在外族入侵者強權蠻力的逼迫下，成為永遠的祕密，或者公開的祕密。當年在瑪雅人心目中神聖超凡的東西，在今天的文化研究者眼中，正好是解開瑪雅文化之謎的一把關鍵性的鑰匙。歷史由這麼多的偶然事件組成，重新發展一次，也未必是現在的格局。當年的通神者精心構建、維護起瑪雅的「神」，今天的研究者費盡心機，要去抓住瑪雅文化的魂。這些文化的製謎者和解謎者，誰能預說這些歷史的偶然？

國旗上的克沙爾鳥

瓜地馬拉的國旗上繪有一隻振翅欲飛的克沙爾鳥，國家發行的紙幣上也有牠的圖案，甚至幣值單位就叫克沙爾。

克沙爾鳥是中南美的特產，與瑪雅人有著不解之緣。這種鳥非常美麗，牠長著彩色的羽毛，胸脯潔白如雪；最可愛的是那藍綠相間、高雅華貴的長長尾翎。古代瑪雅貴族和祭司就用這美麗的尾翎做裝飾，它成為這些政治領袖和精神領袖高貴品質的象徵，成為他們高貴形象的一部分。

克沙爾鳥生性剛烈，寧可死去，也不願被囚在籠中。牠的這一性格，成為瑪雅人熱愛自己的文明，反抗殖民壓迫的象徵。古巴革命家兼詩人何塞‧馬蒂在瓜地馬拉漫遊時，曾經寫

下這樣的詩句：「克沙爾鳥之至美，乃是牠絕不屈從於任何人。」這並非無感而發，原來還有一段英勇悲壯、令人蕩氣迴腸的故事。

一五二三年末，西班牙殖民強盜埃爾南多‧科爾特斯派他的手下、上尉軍官佩德羅‧德‧阿爾瓦拉多征服瑪雅人。他帶領由騎兵、步兵、炮兵組成的殖民軍，耀武揚威地向瑪雅人居住的地區進發，不料遇到了強有力的抵抗。

克沙爾鳥意象除了表面這層堅貞不屈，還有什麼深層的意味嗎？換言之，我們應怎樣通過它來透視瑪雅的文化心理呢？

讓我們把目光再次投向數百年前那血與火的戰場。在傳說與神話的虛光裡，原來英勇悲壯同時也是不忍正視、不堪回首的恥辱。阿爾瓦拉多上尉屬下只有一二〇名騎兵、三百名步兵，戰馬一七三匹，大炮四門，另外還有一些已歸順的特拉斯卡拉和喬盧拉人。與之對陣的是七萬瑪雅大軍。這真是眾寡懸殊的對比。然而，瑪雅人卻遭到慘敗。神話般英勇不屈之意象的背後，卻是屈辱地被征服的事實。

瑪雅大軍首先在第一回合就敗給西班牙人的軍事計謀，他們被誘騙到平原開闊地帶，這是便於騎兵馳騁、火器施展的有利地形。阿爾瓦拉多把弱變成了強，瑪雅人卻把強變成了弱。他們的文明沒有給他們以近代軍事武器的知識，卻給了他們神靈崇拜的觀念。他們沒見過火炮，甚至對騾馬也一無所知。炮火轟鳴自然被看成天神施威，騎兵也被當成半人半馬的天兵天將。按理說，一五二三年時的所謂軍事優勢也真有限得很，西班牙人使用的還是長矛刀劍，直到十六世紀後半葉才產生槍

彈，十七世紀才發明把彈丸與裝火藥結合起來的辦法。前裝式滑膛槍裝彈時，先要咬掉紙彈殼的底蓋，向藥池內倒入少許火藥，餘下的由槍筒口倒入，再推入彈丸和紙殼。真是不勝其煩。史料表明，即便是很原始的火繩槍，殖民軍也沒幾支。

這就給我們頭腦中先入為主、籠而統之的印象提出了挑戰。瑪雅人並不是敗於軍事技術上不如人，而是敗在心理和文化的戰場上。七萬大軍敵不過區區幾百人這個事實，當時怎樣刺傷了瑪雅人的心靈，我們可想而知。

我們從經過文化「文飾」的克沙爾鳥意象中，可以找到某種屬於瑪雅文化傳統的東西。正像克沙爾鳥千百年來作為瑪雅祭司頭頂的標誌那樣，尋求安慰與解脫的願望也找到了瑪雅神靈世界這一象徵。以克沙爾鳥為中介，古代瑪雅人從宗教中尋找庇護、慰藉的努力，就與近代瑪雅民族從神話般的意象中尋求精神寄托、解脫與昇華的努力，達成了千年一系（脈）的完整與統一。

心理學告訴我們，人總要在「事實」與「認知」之間找到某種平衡。當慘敗、被征服的「事實」與瑪雅人自尊自愛的民族情感發生矛盾時，當「事實」無法更改時，他們就不自覺地試圖改變「認知」——神話般的克沙爾鳥飛升而去，給黑暗的「事實」塗上了亮色。

現在的瓜地馬拉，是古老瑪雅民族的發祥地之一，也是通向瑪雅其他地區的必經之路。在這裡，瑪雅文明與西方世界悲劇性地相遇了。頭戴翎盔，手持盾牌的瑪雅武士，用弓箭、石矛這樣的原始武器，與西班牙殖民軍血戰。軍事上的失利是無

可避免的，然而他們在酋長特庫姆─烏曼的領導下，前仆後繼，屢敗屢戰。

在一次空前慘烈的戰鬥中，特庫姆─烏曼犧牲了。悲慟的瑪雅人說，他們的酋長化成了美麗的克沙爾鳥飛升而去，他的鮮血染紅了克沙爾鳥潔白的胸脯。這個滿含深情的傳說，安慰了瑪雅人的心靈，也顯示了他們不屈的民族精神，成為今天瓜地馬拉這個中美洲瑪雅國度的優美神話和永恆意象。

一個文化，說到底就是營造出了它自己的「意象」。

在中美幾個瑪雅國度中，無疑瓜地馬拉是最值得驕傲的。瑪雅文明最輝煌的歲月在這塊土地上度過；古典時期的遺址蒂卡爾（最大的瑪雅城市）在瓜地馬拉境內；直到今天，瑪雅後裔在這裡有最高的人口比例，幾近六成。所以，作為現代政治國家的瓜地馬拉，特別看重自己作為瑪雅文明國度的特徵，特別把克沙爾鳥意象作為民族精神和文化傳統的象徵。

Chapter 6
文化顯像

文字：像什麼形

　　人人都知道瑪雅人使用象形文字，但實際上，象形文字只是從埃及那兒借用來的說法。象形文字（hieroglyphicwriting）一詞初見於公元前一世紀希臘人迪歐多勒斯‧希庫羅斯的著作。按希臘語拆解開來，指「神聖的雕刻」。然而，「神聖的雕刻」的說法倒是出奇地符合瑪雅象形文字的情形。

　　瑪雅象形文字都由「神職人員」專門主持刻寫，其高深莫測非普通瑪雅人所能了解，更不要說外部觀察者了。

　　十九世紀一位年輕的美國外交官約翰‧勞埃德‧斯蒂文斯醉心於瑪雅文化的高深莫測，但他的最大障礙是不可逾越的文字關，他無法知道這些神祕精緻的圖畫符號講述著怎樣神奇的往事。他在現今宏都拉斯境內那個「浪漫與輝煌之谷」，靠近

古瑪雅城市中心的科潘遺址停下腳步，以五十美元高價（要知道，那還是十九世紀七〇年代後實行黃金本位的時期）買下一塊地，打算長期研究。但他對玄奧晦澀的瑪雅象形文字實在感到「超出智力所及」。他說：「我無法假充解人。當我凝望著它們時，想像力常常痛苦不堪！」

誠如其言，直到今天，文字學家還是談不上對這些文字全部識讀。已知的八五〇餘個瑪雅象形字，只有其中的三分之一，仰仗當年西班牙隨軍主教蘭達的記述而被了解，其餘三分之二，數百年來都未能「起死回生」。現代學者或馳騁想像，或鉤玄考據，或者祭起「戰無不勝的科學」法寶，乞靈於大型電腦每秒上百萬次的運算分析，結果依然照舊。間或有性急自信的人跑出來宣稱破譯了謎底，但也都查無實據、不了了之。

謎一樣的瑪雅象形字，你究竟像什麼形！

現存的瑪雅象形文字是被刻在石碑和廟宇、墓室的牆壁上，雕在玉器和貝殼上，也有用類似於中國式毛筆的毛髮筆書寫（或者叫描繪）在陶器、榕樹內皮和鞣製過的鹿皮上。總量相當多，單在科潘遺址一座金字塔的台階上，就有二五〇〇多個。這就是世界巨型銘刻的傑作之一「象形文字梯道」，古怪而精美的象形文字布滿八米寬、共九十級的石頭台階。

金字塔壇廟與象形文字的結合，清楚地表明其宗教性質。四部存世抄本上的象形文字，也無疑是宗教為主的用途。尤其值得注意的是，這種象形文字似乎像是從天下掉下來，從石頭縫裡蹦出來的一樣，我們只能看到它從頭到尾一成不變的成熟完美，而不像其他古老民族的文字有一個逐漸從簡到繁，發

生、發展的軌跡。比如漢字在成熟的方塊形態之前，經歷了許多不成熟、不確定，甚至簡陋的形態，如甲骨文、金文，以及半坡陶器上的刻劃紋。戴維・迪林格指出：「瑪雅文字……在被我們發現時，已經非常成熟，因而可以推想，它必然有過一段我們尚無從知曉的進化過程。」

然而，按文字學的理論觀察，瑪雅文字又僅僅停留在一個簡陋初級的階段。就世界範圍說，文字都經歷了三個不同的發展階段：一是圖畫或象徵的文字，由畫面來講述整個故事；二是會意文字的階段，用符號代表一定的意義；三是表音文字，這時文字與語言真正結合到一起。

瑪雅文字顯然必須歸入第一階段，但實際上它的形式完美性遠遠超過了甚至像半記音字母化的古埃及那樣的象形文字。我們是否能在認可上述文字發展階段理論的同時，另外再找尋一下瑪雅文字自身特殊的發展契機和動力呢？

宗教方面的原因必然是首選，這在前文已有所鋪陳。當然我們還可以考慮瑪雅人熱中於形式完美的民族性，他們具有善於把具象的描繪與誇張特徵的抽象很好地統一起來的才能。

瑪雅人最初所象之形，極有可能就是本書〈各顯神通的神，各有所求的人〉一節中提到的那些神祇。那些神祇的形象都很特別，或長著像野象那樣的長撩牙，或長著安徒生童話裡匹諾丘那樣的長鼻子，或臉上塗著代表腐爛、死亡的黑圈。而表徵這些神祇的象形文字都是抓住其最突出的特點加以誇張、抽象，通常只畫他的頭像。頭像即代表神祇的文字。

我覺得這裡的神祇頭像極有可能只是誇張的面具；真人自

然不會長得如此怪模怪樣，而人們崇拜的神靈卻需要一個變形誇張、神奇可怕的嘴臉。

面具自從石器時代以來就一直流行於世界各地，幾乎所有民族都能看到它的表現樣式。它常常代表超自然的神、死去的祖先，以及一些虛構的人物，也可以就是某個人物的肖像。因此，面具常常被用來做與各種神靈對話的手段，以祈求保佑或藉以抵禦難以預料的災禍。我們從瑪雅人的宗教儀式活動中正可以看到這種動機。我們甚至還可以假設，所謂在經卷中出現的神祇，或許畫的是戴著代表該神靈的面具而出現在某個祭儀的祭司。

人類學家指出，印第安人（瑪雅也在其中）的一些沒有文字記載歷史的民族，把戴上面具，定期舉行儀式，作為聯結過去和現在的重要紐帶。今天說瑪雅人當然是有象形文字的，但他們也必定有著未曾發明文字的漫長歲月。也許他們正是通過描畫各種各樣代表不同神靈（他們是泛神論者）的面具這一特殊的道路，走向文字符號的發明。這就是為什麼瑪雅象徵文字大都是怪模怪樣的頭像（包括簡化、抽象和抽取局部代表整體），而幾乎沒有對非宗教的日常實際事物的描繪。

也許瑪雅人把一切都看作是神靈的，都是個別的：北極星是北極星神，瓦罐也不是瓦罐而是瓦罐神。於是，我們就看到了千百個神靈頭像（面具）的造型。這就是特殊的瑪雅文字的起源和特徵。人類學家還指出了一個現象：幾乎所有的面具都是出自「專業」的雕刻師，這其中或許又是「通神異稟」的宗教觀念在起作用。我們不會忘記，瑪雅象形文字正是由具備

「通神異稟」的「專業」祭司所掌握的。這是否也能作為一個解釋瑪雅象形文字起因的思路呢？

不論怎麼說，美洲三大文明的另兩個都比不上瑪雅。印加人只會「結繩記事」，阿茲特克人是對瑪雅文字拙劣地模仿。如果說文字的發明和使用乃是文明的真正標尺，那麼瑪雅人就是哥倫布到達之前，新大陸上最為文明化、最為富有智慧的民族了。他們獨立地發展出一套精緻的書寫體系。

新大陸的希臘人

瑪雅人無疑都是以絢麗的色彩表達情感的藝術行家和建築大師。他們用五彩渲染他們生活的每一個場景，用刻刀留住他們情感的每一瞬間。歲月的消磨並不能徹底遮蓋他們的輝煌畫面。在瑪雅名城皮耶德拉斯・內格拉斯（Piedras Negras），他們特意把一座「美術博物館」（畫廊）留給驚訝的後人；在他們城市建築群的每一處顯露的表面，都精心雕刻了神怪形象和圖畫般的文字浮雕。難怪這個天才的民族被譽為美洲新大陸的「希臘人」了。

但這個稱譽並不準確。瑪雅人就是瑪雅人，他們不是希臘人、中國人或其他什麼人：他們是他們自己；他們的文化是他們自己創造的特徵鮮明的文化。

讓我們看看瑪雅先民在藝術上所達到的不輸任何其他民族的極高造詣吧！

瑪雅藝術的最高成就首先表現在各種造型藝術品上。現存最古老的石雕可以一直追溯到公元前四世紀。這種加工石頭的藝術活動在古典期的輝煌謝幕前（七三一～八八九年）達到了全盛，成為近代以前西半球最完美的藝術創作。儘管殖民者最初的破壞活動造成毀滅性的後果，以致今日並不能準確地再現歐洲人到達之前瑪雅人所達到的藝術成就，但是，即便如此，那些遺址、殘跡還是讓人可以由衷讚歎他們的豐富想像力和藝術技巧。

　　後古典期的瑪雅雕刻從屬於建築，主要是為了美化。雕刻作品既包括寫實的，也包括圖案化的，人物或具有人之特徵的神靈形象是主要內容。在此之前，瑪雅人並不太追求建築表面的裝飾。後來他們常常燒石灰，用灰漿塗白建築表面。到了後古典期，裝飾建築的正面牆壁成為一項必不可少的工序，或雕刻、或描繪，形式繁多。

　　除了建築物的浮雕以外，瑪雅紀年碑石上也有這種雕刻藝術。他們的造型藝術品還包括一個重要類別，即偶像的塑像，大大小小，形式多樣，石質、玉質、木質、陶製的偶像隨處可見；瑪雅人還在獻祭時用樹脂膠捏塑動物心臟的形象。除了宗教上的用途之外，日常生活也被造型藝術所表現。有一個精緻而古拙的婦人抱犬攜子陶塑，極能反映瑪雅人的生活情趣。一位瑪雅婦女在自己的右乳下懷抱著幼犬，一手牽著孩子漫步。小犬依人，孩子嬌憨，婦人安詳，栩栩如生，神形雙絕。

　　瑪雅人在繪畫上雖說沒有達到雕塑那樣的水平，但也不失為重要的成就。這些繪畫用取材於植物和礦物的顏料畫成。比

方說，他們懂得從蟻穴的氧化鐵中提取紅顏色。畫筆是用人的頭髮製成的毛筆，故而畫起來線條流暢，色彩表現力相當強。

現存最古老的壁畫一九三七年在瓦夏克吞（Uaxaxtun）發現，表現的是最重要的宗教儀式。而瑪雅最輝煌的繪畫作品是堪與中國的敦煌、印度的阿旃陀、希臘克里特島的諾薩斯相媲美的瑪雅「畫廳」（見圖 19），一九四六年發現，位於墨西哥恰帕斯州東部（瑪雅腹地的皮耶德拉斯‧內格拉斯城）的博南帕克村（Bonampak）。

畫廳分為三間，每間畫室的內牆上布滿精美的彩畫。製作年代一說是公元十三世紀末，一說是公元六至十一世紀；但從內容上看，有一組畫反映了公元前到公元八世紀的生活。

壁畫內容涉及慶祝儀式、戰爭與凱旋、貢獻俘虜等重大事件。因此，場面不是設在王宮大殿，就是選於兵戈沙場。人物

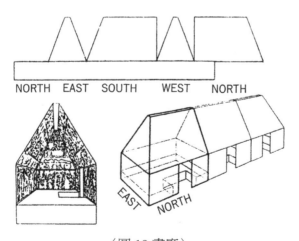

〈圖 19 畫廳〉

眾多，但構圖疏密有致，絲毫不亂。

比如三間畫廳中的第一間。房間結構與其他兩間一樣，屋頂在四邊牆上以較大的坡度向上延伸，最後匯聚於頂樑。從牆根至屋頂，全部成為畫師們的畫布。四牆以淡海藍色為底色，描繪儀仗隊。屋頂的四面分別以土黃色為底，描繪「真人」和其他首領，用淺天藍色為底，描繪神的面具。三層構圖分割井然有序。其間人物膚色為棕紅色。儀仗隊成員各人手持鐃鈸鼓號、羽扇火把，一字排開，將三位戰將圍在中間。戰將們全身披掛，還帶著用神聖的克沙爾鳥的綠羽毛做成的頭筵。所有人物比例準確，形態各異；線條流暢，著色精細。

屋頂部分的總體色調更加明亮。下面三分之二畫面描繪真人接見十四位首領的場面。首領們一律白袍加身，頭戴各種不同的羽飾或動物頭骨，耳朵、手腕、脖子等處各有不同的玉製飾品或掛件。他們的遮羞布或簡或繁，但相較一般平民裝飾，都要華貴得多。應該說，畫家在以白袍統一他們的身分之外，盡可能表現他們的個體差異性。體態肥瘦、神情張弛，舉手投足、左顧右盼，都有區分地加以表現。雖然不能說有《最後的晚餐》那麼傳神逼真，至少也使這身分相同的十幾位人物充分保持了個性，毫無雷同之感。

他們的旁邊就是真人的御座。那是一個很大的石台，佔滿了較窄的那面屋頂，還延伸到相鄰的兩邊。石台上又搭了一張石桌，真人身著便裝，很隨便地坐在上面。與他同座的還有他的妻子。真人側身望著一個抱著小孩（可能是王儲，他正在觀看這一盛大的場面）的僕人，好像在叮囑著什麼。旁邊階下有

眾多僕人在忙碌。

在御座的另一邊是下面牆體上出現的那三位將領。所不同的是這裡的他們正在僕人們的服侍下，披掛起全副行頭。畫面上的他們也許是所有人物中著裝最鮮艷、因而勾畫時也最繁複華麗的。他們身披美洲豹皮，掛著很大的玉石項鍊，還戴著玉石耳環、手鐲，正等著僕人把羽製頭飾（長度垂至膝蓋）佩戴起來。

屋頂最上部分勾畫最為細緻。神的面具由各種橫豎平直但末端呈鬚狀捲曲的線條（色條）組成，用色複雜，但和諧統一，頗像中國戲曲臉譜；但從輪廓來講，更像中國老式門環上的獸形圖案。

整個畫廳如此有序地組織在一起。總體上看，色彩繽紛絢爛；從細部看，上色細緻，人物姿態生動。置身其間，彷彿確實聽到人聲沸揚、鼓樂喧天，看到眾人奔忙又秩序井然。

另外，我們在這裡再介紹一下較常被引用的局部畫面（見圖20）的主題，似乎是武士向將領獻上戰俘。無論衣飾的細部，還是總體的布局，無論是人體的比例，還是各個人物的體態設計（尤其是畫面中心那個俘虜），都可以列為經典名作。可惜這裡只是它的黑白勾線輪廓圖，多少失去了原畫的生動、自然。

這三個畫廳的保存真是奇蹟。它們分明是在透過斑駁的風塵侵蝕，展現瑪雅藝術家的天才。通過它們，人們見識到了瑪雅文明的另一種風光。

他們的現實主義風格大約超過了近代之前美洲地區所有其

〈圖 20 壁畫（局部）〉

他地區達到的水準。而到了古典期之後，瑪雅藝術風格又變得誇張虛飾，大有西方世界的巴洛克風格之神韻。

瑪雅人，新大陸上最出色的藝術家！

瑪雅金字塔

金字塔本身已夠神奇了，何況又被塗上一些神祕色彩。比如說，有些人做了些模型，發現「金字塔內部的空間形狀，與在這個空間中所進行的物理、化學和生物的變化之間有一定的聯繫。利用適當的空間形狀，我們可以加快或延緩這類變化過

程的進行。」說得白一點，死貓放到金字塔小模型裡那個特定位置就變成木乃伊；鈍刀片放到那個位置則會變得鋒利。據傳，這還取得了某國的專利！

這種玄乎的說法，也必然從埃及大金字塔波及瑪雅的類金字塔形建築，以致產生對人類智慧的懷疑：如此深奧的東西難道真是人類自己創造的嗎？這樣神祕兮兮的氣氛固然有助於人們發願徹底研究瑪雅金字塔，但是，金字塔的奧祕還只能從瑪雅人的文化和智慧中去尋找，並不需要對超自然力量的祭拜。

實際上，瑪雅金字塔與埃及金字塔並不完全一樣（見圖21）。埃及金字塔幾乎全是方基尖頂的方錐形；而瑪雅金字塔的每個側面不是三角形，而是梯形，它的下部為階梯，上部是平台，平台上通常還建有廟宇。埃及金字塔的形狀幾乎完全一樣；瑪雅人卻把他們的金字塔建成各種風格的變體，有的甚至有六十度左右的陡斜坡度，從塔腳下向上望去，塔身高聳入雲，十分威嚴神聖。瑪雅祭司和獻祭者就沿著幾百級、甚至上千級的台階，一步一步登上金字塔頂；這給金字塔下的觀眾造成了通天的感覺。

瑪雅金字塔數量驚人；有人說，僅在墨西哥境內就有十萬座大大小小的金字塔。就目前已知的遺址分析研究，大致分為四種類型：（一）平頂金字塔，上建廟宇。這種類型最為常見，可稱瑪雅金字塔的基本型態。（二）尖頂金字塔。僅一見於蒂卡爾城。其頂上的美洲豹廟很小，只能看成塔尖。（三）壁龕式金字塔。發現於墨西哥的維拉克魯斯。塔基呈方形，邊長一一八呎，高八十呎，共分七層，塔身雕鑿了三六五個方形

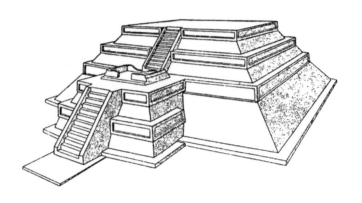

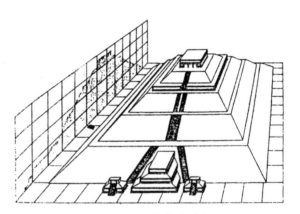

〈圖 21 瑪雅金字塔〉

壁蝨，恰好每個代表一天。（四）陵墓型金字塔。這在中美洲只發現過一次，即帕楞克城瑪雅人首領巴爾卡的陵墓金字塔，他的屍體停放在塔身深處一間巨大的拱頂密室中。

金字塔的另一個功能是供祭司們觀察天象。在瑪雅圖譜中經常發現這樣的畫圖。階梯頂部有一間房子，裡面有祭司用交叉的十字棍觀天象。金字塔從任何一面看，都是階梯加上神廟。祭司有時僅用眼睛表示，十字棍用來定點。瑪雅人觀星的精確度很大程度上取決於、也表現於這高聳入雲的金字塔。在沒有望遠鏡等現代設備輔助的情況下，要達到準確的觀察，就必須站在一個極高的位置，從而越過廣茂的叢林，將視線投射到遙遠的地平線上。瑪雅祭司對天氣、農時的準確預報，依靠的就是他們長年累月不間斷的觀察和記錄。

另一方面，恐怕祭司們經常登上高可通天的金字塔，如坐雲端，對他們半神半人的權威來說，也是一種很好的包裝。

舞怎麼跳，戲怎麼演

運動軀體、轉弄喉舌，歌舞是所有民族的自發活動。也難怪，人類本來是靈長類動物，騰挪撲閃，舒臂長嘯，自由自在慣了。有了畜牧業、農業、漁業，有了安定的聚居生活，除了打仗之外，平日安居樂業之餘，當然會忍不住好好活動活動筋骨、狂呼亂叫一番

據親眼見過瑪雅人舞蹈的人說，有一次舉行盛大的集會，

方圓七十五哩之內，七十餘個部落，約一萬五千人前來參加。人們踩著鼓點，跳著各種各樣的舞。旁邊的觀眾也是人山人海。不同的觀察家估計的瑪雅舞蹈種類不一，有說一千，有說八百的。不過，有一點可以肯定，種類確實繁多。

　　男女都有各自的舞蹈，極少男女共舞。有一些戰爭舞，參加人數幾近八百多人，比中國古代八佾（六十四人）之舞場面大多了。大家手持小旗，跟著鼓聲邁行軍步。雖然場面盛大，然而人多不亂，居然沒有一個人邁錯步子。還有一種舞叫colomche：眾人圍成大圓，有兩人隨著音樂聲步入圓心。他們手持一把蘆葦。先是一人跳舞，在舞的過程中始終保持手中蘆葦的豎直向上。與此同時，另一人採取蹲式。兩人始終不出圓心。然後，持蘆葦跳舞的人用力將蘆葦扔給對方，而另一人則以極高超的技巧，用一根小棍將蘆葦接住。扔接完成後，他們兩個回到原來的位置。另外兩人在音樂聲中登場。

　　舞蹈在瑪雅人生活中太普遍了。而與其說它是一種自由消遣，不如說它是一種已經儀式化了的宗教活動。被文化了的人，已經服從於嚴密的群居生活的人，不能再像動物世界中那些獨立生活的朋友那樣，自由地手舞足蹈了——從這個意義上說，二十世紀的迪斯可多少為人類找回了隨心所欲手舞足蹈的樂趣。

　　宗教性的舞蹈一半是娛神，一半是抽瘋。文化精神分析派學者將宗教儀式上的神舞解釋為一種暫時性的臆病發作。那些在激烈的身體扭動中體驗到神靈附體的舞者經常會當場抽搐、戰慄，表現出一種極度的狂醉感。精神分析理論當然將其歸結

為性釋放或力比多衝擊。而說到娛神，以舞取悅於神，當然也是取悅於人。觀賞性舞蹈肇始於斯吧！

　　總之，從自發性的活動肌體到有規劃的組織舞蹈，處處表現了文化為人類本能尋找種種代償性滿足和昇華的努力。在這個過程中，產生了各種集體性的參與舞和觀賞舞。人們從舞蹈中想到了人聲以外的其他樂聲，進一步推動了純音樂的發展和普及。

　　談到藝術，還有一種形式也是經常在文化中較早產生的。這就是戲劇。所有古老民族都較早地認識了戲劇。也許因為文化本身就是人類精心編排的一齣戲。

　　戲劇最早大概都與歷史、神話有關。活靈活現地演繹祖輩的史詩是非常生動和有效的傳統教育方式，其集中和逼真所達的效果大概不亞於黑夜裡聽老人講口傳文學故事的效果。

　　瑪雅遺址上有些小型平台。其上層平面經考古學家鑑定，從未有過搭建更高層建築的痕跡。它們就是一些戲劇舞台。戲劇作品在瑪雅人中間流行很廣，有職業演員，有專門道具。雖然戲劇作品紀錄一份也沒有留存下來，但據查，有一些可知的喜劇劇目。

　　戲劇就是這樣，從講授歷史而走向民間去反映生活。文化給每個人都帶上角色，配好面具；戲劇舞台上的角色和面具又把人拉入另一種境界，讓人做不能圓的夢，讓人訴說不明的情。人在看戲中投射自我，也在看戲時反觀自我。就這樣，文化固定了人的角色，又創造了一種機制，讓人在演戲和看戲時自由地進入角色。文化配給人面具，又用舞台的自曝，還人以

真實面貌。

　　沒有文化，人不用創作舞蹈、規定程式；沒有文化，人不用戲裝，不用表白。而有了文化，人實在需要舞蹈，綻放自我；人實在需要戲劇，尋找自我。

　　舞，就是這樣跳的；戲，也就是這樣演的。

有頭有臉的青玉

　　在一座掩映於墨西哥叢林中的金字塔深處，考古學家發現了一位高級祭司的墓葬。陵墓深廣，巨石林立，最顯眼的地方都以浮雕的形式刻畫著祭祀的高潮場面、威儀的神王造像，以及誇張而又細緻鮮明的神話人物；其間雜陳著那些著名的瑪雅象形文字，乍看之下是些方正劃一的文飾，仔細辨別後才會令人驚異於這方寸之間的千變萬化。認讀與書寫這些文字是瑪雅祭司的特權。

　　祭司的棺槨是一個大方石台，寬三米，長約五米。除了遺體真正躺臥的中央區域以外，其他台體部分都是實心的，彷彿一個厚實的掩體把心臟部分的墓穴防護起來。整座墓台不僅方正、厚實，具有一般重要墓葬的厚重感，而且總體積上遠遠超出墓穴本身的大小，遺體安放在墓穴中，就像嬰兒睡在大床裡一樣。

　　不僅如此，陵墓的設計者還把棺槨的蓋板擴大延展，達到墓台的規格，讓約二十厘米厚的這麼大一整塊石板壓在墓台

上——對防護和莊嚴的追求，簡直是不遺餘力！

什麼樣的遺體裝飾才能與如此神祕、宏大的建築氣氛相配合呢？是埃及法老的木乃伊技術？還是古代中國的金縷玉衣？打開棺槨之前，這個問題一直縈繞在考古學家的腦海裡，和這陵墓的巨石藝術一樣強烈地吸引著他們。

終於有一天，墓穴的主人重見天日了。可是，沒有想像中的全身包裹，也沒有象徵地位的權杖或陪葬；與遺體頭頂方向壁雕上的坐像相對照，全身的披掛也已破碎消蝕幾盡，除了零丁遺骨，什麼也沒有。什麼也沒有，除了一樣東西——一副青玉做成的面具，赫然勾勒出死者生前的大致臉面，與收縮、腐蝕後的身體相比，顯得有些碩大，在青一色的灰白石塊中間非常耀眼醒目。

仔細看這張人造的臉，原來是用小塊青玉剁成各種曲度，逐一拼湊粘連而成，雖然沒有平滑如鏡的精緻感，反而從這種細瑣的破碎和拼合中透出一種執著來。白色的眼白用貝殼製成，瞳孔、虹膜都用黑曜石點綴；這些材料都具有較強的抗腐蝕性能。整張面具簡潔而嚴肅，只是旨在勾勒出大致的臉部輪廓。但是，又不像是要起什麼遮蓋或保護的作用，因為面具只蓋到頸部。那麼，這種單獨對臉的裝飾有什麼意義？這張突出的面具又如何同陵墓主人的身分相統一呢？

臉確實是人身上最引人注目的地方，因為它最經常地處於視野的中心位置。臉也是人最熟悉的一種視覺形象，三個月大的嬰兒就能夠辨別出一張陌生的臉孔，母親或其他養育者熟悉的臉能對嬰兒起到鎮靜作用。

同時，臉又是自我意識中最在意的一個部位。臉是人身上除了背後以外，唯一一個自己看不見而又必須面對他人的部分。從古希臘關於水仙少年臨水自照的自戀故事，到我國古代青銅鏡背透影的精湛工藝，都可見出人們對容顏的精益求精和豐富想像。

　　人們對臉的敏感和裝飾熱情亙古不易，經久不衰。自古到今，多少美賦佳篇、吟誦歌唱都圍繞這一主題，幾乎所有文化、所有語言中都有占絕對優勢的內容、語彙描畫一顰一笑、眉目唇齒。英語中描寫各種形態之笑的詞彙就有一打，漢語中目字偏旁的漢字為數更多。「盯」、「瞠」、「瞪」、「瞄」、「睚眦」都是直視，但各自的細微差別一望便知；「眺」、「盼」、「瞇」、「瞟」、「睇」、「睥睨」更是寫盡了眼神流轉中的種種情緒流露。

　　從藝術表現的角度看，臉所占據的地位更加重要。在考古發現的文化遺跡中，臉幾乎成了人的象徵符號。許多鐫刻在金屬物件上的紋飾，寫畫在陶器、漆器、布帛上的圖案，以及石壁或大地藝術中的刻畫，都誇張地突出臉部的特寫，有的甚至放棄四肢軀幹的表現，只保留人臉的基本造型，瑪雅人的象形文字即如此。這種表現手法在現代繪畫、雕刻藝術中成為一種刻意追求的風格，而它的原始、樸素的形態在兒童自發、幼稚的繪畫中就有表現。

　　人臉這種強大的表現功能很早就為人類所認識，成為人類文化中不可或缺的一項道具。

　　無論是在宗教儀式還是社會地位的標識中，頭臉的裝飾、

紋花都是最重要的內容之一。

在瑪雅文化最重要的一類線索，瑪雅社會殘存的建築物、雕刻、繪畫、陶器等實物中，人臉不僅占據了不容忽視的比例，而且，人物臉部絢麗多彩的塗抹和花樣眾多的面具，頭上所戴的羽飾高帽，把整個頭部擴大到人身的三分之一，身體其他部位都被壓縮得短小精悍。不加飾物、不抹不戴的只有俘虜和供獻祭的人。無論是武士還是樂師，不是在臉頰、眼圈抹上各種顏料，點畫出各種幾何圖案（現代印第安人仍保留這種武士標記），就是在頭上戴各種動物造型（也都是動物的頭部造型）。那些身居特殊地位的首領和祭司則有特殊的裝飾：一種特殊的高帽或羽冠，把他們同其他人區分開來。

這類「稀奇古怪」的打扮在其他民族、其他文化中也並不少見。圖騰崇拜中的動物裝扮、動物面具，中國戲曲中的特徵臉譜，英國傳統的法庭上儀式化的假髮裝束，印度寺廟中佛像的高冠，各民族傳統中豐富多彩卻又有固定程式的頭飾（光看我國各民族的傳統代表性服飾，頭部包裝就是最重要也最顯眼的區別性標誌）。羽毛、粘土、金屬、貝殼、皮毛、草葦、花卉、竹木、刺繡、各種包紮打結的手法，一切可用的材料都被盡可能地用上，所謂珠翠滿頭，一切想得到的纏繞、捲曲、束直的方法也都被想出來處理頭部，直至今天的男女各種型式的髮型，層出不窮。

頭臉是人的門面，頭臉裝飾遂成為社會身分的最好標識。最常見的例子就是冠冕。有地位、有身分的人總是用特製的、別人無權使用的帽子來標識自己的身分，務必使自己「冠冕堂

皇」。西方社會中男士的禮帽到很晚近時仍是紳士們的重要標誌。古代中國人對加冠頂戴的重視更非同小可。弱冠及笄不僅是標誌成熟和社會正式接納的儀式，而且被定義為一種社會屬性的象徵；各級官員、各種身分的人所戴的帽子在歷朝歷代都是作為制度來擬定和執行的；更不用說帝王一級的頭飾，更是獨一無二的專門寫真了。

瑪雅祭司在社會生活中起著舉足輕重的作用，有時祭司同時又是首領。瑪雅人的城市總是以神廟為中心，瑪雅文字、天文曆法、占卜大事都是祭司一手操縱和傳承的。

本文開始處介紹的陵墓和遺體是迄今為止所發現最重要的瑪雅遺跡之一，遺體所戴的青玉面具只有在另一位首領身上發現過。青玉是瑪雅人表示尊貴的東西。有的祭司甚至銼掉牙齒，鑲上青玉。可見這幅青玉面具（由約兩百片青玉粕拼而成）正是一種象徵權貴的冠冕。

然而，瑪雅祭司生前並不佩戴這種青玉面具，而是用一頂極高的、燈塔般的帽子和羽飾（還有象徵高貴的對眼、扁頭、高鼻）來作標誌。那麼，為什麼不給去世的祭司也戴一頂高帽子呢？也許這種帽飾已如衣飾一樣消蝕殆盡了，也許這種帽飾作為某種地位身分的標誌需代代相傳，不用於隨葬。不過，無論用不用高帽子，都不如青玉面具的入葬這麼耐人尋味。

秦始皇在陵墓裡擬造地下江山，對陪葬背景的追求可謂到了極至，因為他征伐一生，一統天下，必得躺在三山五岳、五湖四海的中心，把他生前苦心經營而擁有的一切帶到身後，方可安心。埃及法老用神奇的防腐手段保存遺體，對肉身的愛護

可謂到了極點，因為他們自比為太陽神，自戀非常，雖然相信自己有復活的那一天，但在靈魂復生以外還追求肉體不滅，希望有一天能原封不動地走回人間。

瑪雅祭司的陵墓是瑪雅人中最講究的。一般瑪雅人死後埋在自家房屋底下，因為瑪雅人相信生死也像他們的「特佐耳金曆」和「吐思曆」一樣處於交替輪迴之中。只有祭司和高貴人物死後才放置在精心設計的墓穴中。他們生前的地位和特權，在身後也要延續。他們也選擇宏大的建築結構，精緻的石刻花紋作背景，用遠遠超過實用需要的石體把自己嚴嚴實實地保護起來。但是，他最最刻意為之的想法是為自己造一張可以、水久保存的假臉。

歲月流逝，只有石棺、石壁和保留著這位祭司臉形的玉石面具會留存下來，以石臉的方式延長生命的存在，以青玉的珍貴標誌顯赫的地位，讓祭司死後仍然有頭有臉地去面對神，面對陌生的死亡世界。如果有什麼懲罰或侵害，也盡可以衝著這副假面而去，而不傷及祭司本身。如果說同樣地位顯赫的中國皇帝愛江山，埃及法老愛身體，那麼，一輩子生活在神人交通的角色裡，以這個角色牢牢控制瑪雅人的瑪雅祭司，當然知道面具對角色扮演的重要象徵意義——瑪雅祭司愛的是他的臉。

石頭見證歷史

龐大的瑪雅遺址是在傳說的促成下重見天日的。一些外國

人為廣泛流傳於當地的傳說所吸引，越過沼澤，走向密林深處，尋找傳說中的古代城堡。最後，他們終於找到一些斷垣殘壁，還找到了一塊高四米、寬一米的石碑。所以，可以說，石頭標誌著世人對瑪雅文化遺產矚目的開始。

學者研究了陸續出土的大量石碑，發現了一些有趣的現象。現已發現的石碑有幾百塊，散布於各個城市遺址，數量之多，放置的位置之重要都值得注意。其次，石碑上有的刻有象形文字，有的是人物浮雕，還有的只是一些花紋。據分析，文字部分主要是些年代數字，以及紀事文字，所以這些石碑又稱為「紀年石碑」或「紀年柱」（見圖 22）。與其他民族遺留下的石碑內容不同，不是以戒律、經文或對首領人物的頌辭為主，而具有自己的特色。第三，石碑高大，但雕刻精細，上色方法也很特別，對這採石、雕刻、樹碑等的工藝要求也很高。不知道當年瑪雅人是如何完成數量如此之多的石碑雕刻工程？他們又為什麼要花這麼多的時間、精力，在石上記錄下他們的歷史？

這不由得使我們聯想到瑪雅遺址上眾多氣勢磅礴的石造宮殿、金字塔、廟壇、觀星台。如今看去，大多已只剩下基座、殘垣，要人靠想像去修復它們原來的壯觀和華美。但是，這種普遍的對石建築的熱中，似乎表達了一種對永恆的追求。

現代瑪雅人中，社會較高階層的人住石房子，較低階層的人住草木屋。在草木叢生的熱帶雨林中，也許石頭的無生命性就與無法擺脫枯榮興替的草木成了對比，為人類記錄自我的願望提供了更為理想的材料。

〈圖 22 紀年石碑正面銘刻〉

考古學家推測，瑪雅人最初是用木料或其他植物材料記錄文字的。他們的根據是，目前發現的石碑中，年代最早的一塊發現於烏瓦夏克吞（Udaxactun）。石碑背面刻有代表瑪雅日期八、十四、十、十三、十五（公元三二八年）的象形文字。瑪雅人用石碑記事一般是二十年一次（有時也有五年或十年一次），直到八八九年最後一塊紀年碑為止，這一傳統始終不變。但是，考古學家發現，在最早的石碑上所記錄的文字已經自成系統，發展得相當成熟，而沒有文字過渡時期的痕跡。從記錄年代的數字符號體系來說，也已發展成一種完全形式化的、精緻的工具，沒有發現嘗試性的偏差和錯誤。

　　總之，沒有初級階段。某些較具科學幻想小說傾向的現代人頭腦裡迸出了外星人傳授文字的念頭，但這畢竟不能當作令人滿意的答案。於是，考古學家推測瑪雅文明的形成時期可溯至公元前，其精美的曆法、文字的發展，經歷了一個沒有留下記錄的時期。在這個時期裡，充當記錄材料的可能是木製的或其他易消蝕的物品。當他們的天文學、數學知識達到組織一套複雜的曆法體系時，當他們的文字也逐漸定型之後，他們逐漸發現了更能保存下去的材料——石料；並且，開始以極大的熱情留下盡可能高大的石塊、盡可能深刻的雕琢。

　　在這些石塊堆中間，有許多觀星台高聳入雲，是為了高過周圍的大樹，望見遙遠的地平線，有許多祭壇和宮殿只是為了顯示威儀和奢華；然而，也有許多廟宇、石柱、金字塔是為了體現瑪雅人祖先關於春分和秋分的知識，有許多石碑是為了記錄社會大事之用。

瑪雅人留下的書不多，這是西班人視之為「魔鬼之作」而加以焚燒的結果。現今留下的少數書本實際上是些圖譜，講述神話與王室的家史。

　　也許瑪雅祖先早就在森林大火或他們自己（為玉米種植而）焚燒林木的大火中體會到火的毀滅性力量。現在，能燒的都燒了，留下的只有這些石頭。雖然經過數百年的風吹日曬，雨水沖刷，塵土掩埋，這些鑴刻在石頭上、凝結在石頭中的歷史印證仍然佇立於創造者的家園。它們好像一首凝固的史詩，即使記錄它的經書失落了，口傳它的人民不在了，卻仍能在故土的上空迴響，讓所有踏上這片土地的人感受到這個民族不朽的文化，彷彿古老的主人仍然存在，這些城市仍然存在。

　　事實上，這些石刻的人像以及建築是如此龐大，以至於許多遊客訪問者在感慨之餘，懷疑它們非人力所為！神乎其神的猜測愈傳愈多，瑪雅人在這種追思中被抬高到介乎神人之間的位置。不過，只要我們回到這幾百塊持之以恆的石碑，回到這些紀年、紀事中所描繪的現實世界中來，我們將不難發現，這些石頭所見證的歷史完全是人文的歷史，完全是人類所能企及的智慧。

不可小看的「玩藝兒」

　　英國紳士的文明棍曾經風靡全球，現代社會的經理族則是手執新品手機的時代形象。那根派頭十足的棍子，究竟有多少

實用意義（拐杖、自衛）實在難說，它無非是一時流行的「文明」紳士身分、地位的象徵；手機確實是實用的通訊工具，符合信息社會實用的需要，然而，它的俚稱正透露出它的某種象徵意味。

這兩件「玩藝兒」，都是社會地位、經濟實力、文化品位的象徵符號。前者的實用性早已隨時代的進步淡化為零，再也不是打人的傢伙；而後者的實用性也絲毫掩不住它的文化象徵符號意味。用某些「玩藝兒」來表徵個人，這是文化傳統，悠久而深刻。手機日新月異，功能越來越多，以及顯示廣泛的社會聯繫、經濟聯繫的實力因素，使得它天然地合乎入選的標準，成為古代「權杖」和「法器」、近代文明棍的絕好替代品。這顯示了文化機制從古到今的內在一致性。

於是當我們看到那些精巧含蓄的瑪雅「古玩」時，我們首先想到了這些「玩藝兒」在古代社會中的文化功能。

從雕刻、壁畫等資料看，瑪雅行政首領總是右手持杖、左手持一面圓盾。圓盾的盾面上是日神的頭像，或者說是日神的代表符。右手的杖是代表首領權力的節杖，它有幾種變形，分別在不同的歷史時期出現。最典型的一種，可能也是未經簡化的基本型，由擬人形的一端和擬蛇頭的一端組成。人形雖小，卻很精緻，線條流暢，造型別緻，頭部比例的誇張與瑪雅書畫的一貫傳統一致。人形的一條腿延伸、變形，至另一端時化作一條蛇的蛇身。權杖兩端還各有羽毛裝飾。其他一些較簡單的杖型大同小異，上端總是張開呈扇形的羽飾，扇形中央伸出杖身，猶如蛇身，在下端連一蛇頭。

有些專家認為，前一種是古典時期的典型權杖，後一類屬於新王國時期，和瑪雅人崇拜的羽蛇神有關。羽蛇神又被認為與雨季有關，雨季開始時降臨，雨季結束時歸去，與瑪雅人的農事活動相伴，從播種開始到收穫。也許它在權杖上的化身與行政首領司農事生產有關。

瑪雅的宗教首領形象，通常是將一根兩端雕有對稱紋樣的棒子平舉胸前。紋樣是頭形的，但經過誇張、變形，可能是瑪雅萬神殿裡某位神祇的頭像和名符。有時還可能是兩個蛇頭。還有些石刻人像，將雙頭棒的一端斜靠肩上。祭司是瑪雅社會中最有學問的人，掌握著瑪雅文字、曆法、算法、天文學知識，負責對王室人員的教育和祕授王室家史；此外，還是瑪雅社會日常生活中各種節日、祭日的主持者。他們對瑪雅人生活、生命的影響不可低估。

瑪雅軍事首領指揮部落的戰事。可能因戰爭在瑪雅人的生活中占據較重要的位置，瑪雅武士不僅紋身，還把手臂、臉部塗成紅、黑兩色，象徵勇猛。武士的專門裝飾還有他親手抓獲的俘虜的頭蓋骨，或雕刻過的骨頭。這樣的骨頭越多，也就象徵武士的戰功越是卓著。有這樣的公開尚武傾向，可以想見瑪雅軍事首領拿的「玩藝兒」一定是某種兵器。有時是一種標槍，一端似短刀，另一頭是棍；有時是一根短棍。還有時是一種 hulche 的武器，是一種帶鉤的短兵器，中間部分像是中國古代的狼牙棒。但是，沒有拿弓箭的。研究者說，在瑪雅的古典時期沒有出現過弓和箭，後來可能是從其他民族引進的。

不同的「玩藝兒」表徵不同的身分。這個過程可以這樣描

述：某一特定的社會身分從部落群體中「分化」或「特化」出來，他（們）所使用的實用性專門用具隨之「分離」、「特別」出來。首領是通靈的神使，或是世俗的強人，他們原本實際使用的職業用具隨著地位抬升而不再實際使用，使得這種用具可以漸趨遠離功用的考慮，增加精緻化、裝飾化的傾向。武士所用的長矛異變成「權杖」，巫師所用的測量工具異變成量天測地的神祕「法器」。

文化人類學家、哈佛大學人類學系主任張光直先生在他的《商代的巫與巫術》一文裡，對祭司（巫）和法器（工）的關係做了分析。他指出，在甲骨文和金文中，巫字是兩個「工」字十字交叉的形象，從其他古典文獻資料的翔實考證中，也得出巫與工的歷史淵源；即便今天，也能從這兩個字的字形中發現脫胎肇始的共同原型。

按照弗雷澤爵士的文化人類學名作《金枝》的說法，大量證據表明，初民社會的巫師是被認為具有神異稟賦的人物，整個部族的文化傳統與科學知識（或者叫前科學知識）都集於一身。這一理論完全可以在瑪雅祭司身上得到驗證，他們掌握象形文字（hierogglyph，即聖書體。對這個西文詞彙作一分解，不無啟發：glyph 是凸凹雕像之意，hiero—這個詞根代表了神聖的僧侶等級集團）。瑪雅象形文字連帶其所記錄、包含的文化歷史內容，都是由少數瑪雅祭司一手包攬的。現代世界上仍然「存活」的唯一一種象形文字——中國西南少數民族納西族的東巴文，即是為巫師（納西語「東巴」）所壟斷，一般群眾並不通曉。東巴經卷與瑪雅存世的四個經卷抄本極其相像。這

些都充分說明，瑪雅祭司集團確實是一個獨享文字與傳統知識的特殊專職集團。

文字幾乎已經隱含了稱得上文化成就的一切：天文觀測、曆法編製、工程設計等等瑪雅人的驕傲，全都是通曉象形文字的瑪雅祭司的職務。集天文學家、曆法專家、工程師、數學家、史學家多種頭銜於一身的瑪雅祭司，自然也會有他們自己職業的用具。這用具當然不是刀槍斧叉，那是武夫的家什。瑪雅祭司的用具必然要多一些「科學文化」氣息。瑪雅歷史上最值得一提的古典時期，給我們展示了這個不乏「科學文化」意味的用具──它是兩頭有拐的小棒（作了形象化的裝飾），由祭司集團中最高等級的大祭司執掌（圖23）。

一個絕妙的「玩藝兒」，一種驚人的巧合！

這根兩端拐曲的小棒正是人類學家所關注的「工」。工就是巨（矩），也就是手持「工」的象形會意。這裡不打算引入大量專業化的考證，只須把一個結論告知不乏慧識的讀者。誰都不難看出「矩」（工）的含義：那是一個最基本的測量工具。中國古代極有淵源的《周髀算經》云：「請問用矩之道。商高曰：平矩以正繩、偃矩以望高、覆矩以測深、臥矩以知遠、環矩以為圓、合矩以為方……是故知地者智，知天者聖；智出於句，句出於矩。」這段話清楚地表明了矩（工）這種用具的廣泛用途。因其可以校正水平線（正繩）、仰觀高度角（望高）、測量深度（測深）、估計距離（知遠），以及環轉用作畫圓的圓規（為圓）、兩兩相合作曲尺畫方形（為方）等等一系列用途，於是矩便具有神奇的魔力。執掌它的人知天知

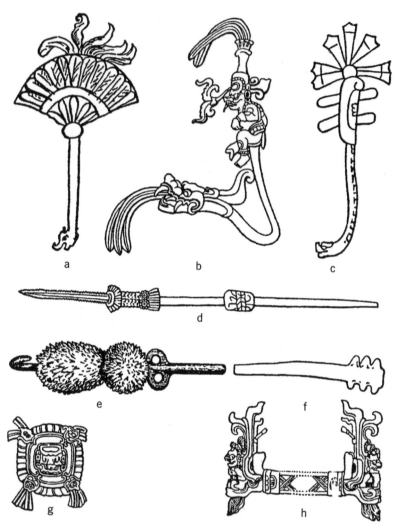

〈圖 23 權杖和兵器〉

（a、c 可能是後古典時期的權杖；b 古典時期的權杖；d 劍；e
投槍；f 棍；d、e、f 象徵最高軍權；g 古典時期的圓盾；h 古典
時期最高祭司的雙頭儀棒）

地而又通天通地：這就是為人崇奉的專職祭司，他們所執的炬（工）也就是掌握天地、萬能通靈的「法器」了。

實用的測量工具「矩」被賦予了神祕的象徵意義，我們在瑪雅最高祭司的兩端曲拐的小棒中看到了這個過程。為什麼太平洋兩岸相距遙遠的古代中國人和古代瑪雅人竟然在這一最為重要的方面，有如此高的相關度？如果這種可比性純粹出於作者的臆測，那麼也就不值一提了。奇妙的是，人類學家指出了他們在人種、文化上共同祖源的存在，具有「瑪雅—中國連續體」的學術依據。他們之間的相似主要不是最近幾千年來莫須有的交往，而是因為它們從數萬年前東亞那個共同祖源之處分別演化的結果。

既然有一種共同的淵源，那麼，對於古代中國「矩」（工）的文化學研究，就完全可以給出研究瑪雅「工形的祭司象徵物」的思路。當我一眼看見這枚「兩端曲拐小棒」時，便以已有的文化人類學知識背景所產生的敏感，直覺到它是一件不可小看的「玩藝兒」。

果不其然，它正是瑪雅這個祭司領導的世界裡最高級別的象徵物。它在大祭司的手中，恰好反映了瑪雅文化的一些最主要的特徵和性質—宗教、政治、科學、歷史、文化和傳統，都未經分化地交融在一起。

Chapter 7
文化隱喻

美麗的扁頭・高貴的斜眼

現代文明體現在讓人的肉體和精神都獲得盡可能大的解放，這種文化精神深入人心。高貴之詞如自由、民主，美麗之詞如愛情、幸福，大到宗教信仰，小到光頭協會、disco，總之是讓人的肉與靈怎麼舒坦怎麼來。

但是，我們在一些古老文明中看到的卻常常是相反的傾向；例如瑪雅人把孩子的頭顱夾扁，眼睛弄斜即是。要把這離奇古怪的行為說成是某種智慧的體現，實在不太直觀。然而，把它放在特定的背景中，並把它作為有利於生存與發展的文化策略，怪誕又顯得合理了。

事實曾經如此。為了實現那些使身體畸變的陋俗，瑪雅人煞費苦心地發展出適當的技術措施，儘管這套技術聽上去太不

人道了。

　　嬰兒一降生就要施洗，乾乾淨淨四、五天後，準備開始一系列的磨難。小傢伙的頭上被綁上頭板（一種專用的夾頭形木板），一前一後兩塊板把新生兒的額頭夾扁，一塊在額頭，一塊在後腦。這副頭板要在嬰兒頭上固定若干天，取下後，孩子接下去一輩子都會有一個保持扁平的頭形。這一習俗很像舊中國婦女纏足、男人剃髮留辮的陋習，而在瑪雅人眼中，夾扁頭型、壓低的額頭乃是大美大麗的標誌。所有瑪雅人的側面人頭肖像，誠如我們在藝術品中看到的那樣，都顯示這一做法肯定曾經極為普遍。當然，這是指在上層階級中間。

　　另一個更為離奇的顯示「高貴」的標誌，是成為斜視眼（對眼兒）。母親們有意試著來產生這種情形：她們在孩子兩眼之間下垂的頭髮（劉海兒）上懸掛小玩藝兒，通常是樹脂小球。這些樹脂小球在眼前晃來晃去地吊著，使得小孩子不由自主地盯著它們看，而這樣就有助於使他們的眼睛變得內斜視。

　　瑪雅人也沒放過他們頭上的其他部位。五官五官，各有所綰。耳朵、嘴唇、鼻孔間的隔膜都被穿上了孔眼，用來綴掛各種裝飾品，質料包括金質、銅質、玉質、木質、貝殼、骨頭和石頭等等。

　　我們現代乍聞嘴唇、鼻孔間的隔膜上打洞，不免，怦然心驚，頗難受用。然而，殊不知我們習以為常的戴耳環、穿耳洞與之豈不異曲同工。人類何以如此「虐待」自己的肉身呢？

　　大自然中的其他物種絕對不會去做諸如此類損害自身的事，而產生了文化的人類卻相反。那麼，這類身體的畸變行為

就並不那麼簡單。人類的每個分子都長著一個容量不小的腦袋，這就是人尷尬的原因。一方面，為了生存，必須彼此結為群體，互相認同；另一方面，自我意識的甦醒又使人總想讓自己區別於他人。

這個既認同又區別的哲理，大約就是文化智慧的真諦！

瑪雅人的上層階層用改變肉體形態的方式，顯出與眾不同，是在本社會內部作某種區別，是在一個文化內部凸顯出某種「亞文化」。而古希伯來人生下來便施行割禮，這種肉身上的自戕卻是要把自己的社會、自己的文化、自己的種族與其他社會、文化、種族加以區別，顯出與眾不同的優越感，即所謂「上帝的選民」之類說法。

由區別而定義出高貴或美麗，由此看來，高貴和美麗從起源上就極富主觀性。

最初的手段還是在打天然本錢的主意，把肉體當作客體加以處置，直截了當。於是就有了扁頭和斜眼，就有了鼻洞和鑿齒，就有了紋身和割禮……不同的文化遵循近似的心理過程而「創造」出五花八門、怪怪奇奇的文化樣態。

所謂文化的進步，大約就是人類用以區別的手段越到後來越間接，越是離天然本錢來得遙遠，轉而在天賜的肉體之外去尋找互相區別的方法，文學呀，藝術呀，宗教信仰呀，生活方式呀，風俗禮法呀，如此這般，而已而已。

瑪雅人在自己的頭臉上直接地大做文章，究其原因，大概是因為頭臉處於肉身最為顯赫的位置，最便於實現「區別與認同」的文化意義。中國有「首飾」一詞，極為傳神達意。《白

虎通義》云：「製冠以飾首，別成人也。」意思是說，製造出帽子來裝飾頭臉，為的是區別成年人。成丁禮又稱冠禮，成年意味著特殊的權利與職責；並且依照初民社會的習俗，成年男子同屬於一個社會「亞文化」，他們有著群體祕而不宣的一套儀式、能力、價值。冠這一首飾使他們區別於婦女和未成年人，使他們彼此認同共享權利義務的統治力量。

瑪雅人「首」上的「飾」，也起著類同的文化功能。無論是美麗的扁頭、高貴的斜眼，還是戴金綴玉，都明確地顯示了自己的社會地位，既區別於別的社會身分，又認同了自己的社會身分。這種區別與認同，對於古代社會文明的長成無疑具有推動作用。現代人對此應能瞭然於心：為了認同與區別，真是各各竭盡所能，花樣百出；從服飾到飲食，從思想方式到藝術趣味，都時時不忘趨從時尚，又時時企念標新立異。在一次次的「發燒」中，社會文化變得越加多姿多彩。

洗澡洗出法律

瑪雅男人每天都必定要洗熱水澡。這種近乎奢侈、日復一日的生活程序是否意味著瑪雅人是世界上最愛清潔的民族呢？然而，瑪雅家庭居室內部的髒亂與此形成鮮明的對比。瑪雅婦女除了為丈夫洗澡提供周到的服務以外，似乎並不熱中於清潔衛生。這一現象頗為可觀。

男人幹完地裡的農活回到家，會有一頓美餐等著他，鮮

肉、煎餅、蠶豆、雞蛋、蔬菜，或許還有鹿肉、牛肉、仔雞什麼的，這得看家庭經濟狀況。飯後，妻子給丈夫準備好熱水，澡盆邊還放著乾淨的替換衣服。如果妻子沒能準備好熱水，丈夫可以因此揍她一頓。這一點居然堂而皇之地寫進西班牙統治時期的法律條文。毫無疑問，這條法律是對長期而普遍流行的瑪雅習俗的反映。

洗澡竟然洗出了法律！其中大有奧妙，從中可看出一種文化機制中蘊含的微妙智慧。西方有一種時髦的說法！兩性戰爭，認為男女兩性之間的生理差別和自然分工，表明人類的中間是一條性別的裂縫。男人和女人的權力之爭在千萬年的歷史進程中時隱時現，未嘗稍息。所謂母權制、父權制的理論，正隱含了兩性之爭。從三百萬年前非洲古猿化石的形體差異到現代女權運動的興起，同一個主題在反覆演奏！

一個性別對另一性別擁有權力，這是事實。然而，「哪兒有權力，哪兒就有反抗。」（福科《性史》）一個社會不會允許它的內部結構總是處在激烈的對抗之中，它總有辦法找到某種平衡。我們在瑪雅文化以及其他許多種文化中都看到了某種巧妙的平衡機制。

瑪雅人和庫德人、印度吠陀人、圭亞那印第安人等等都實行男女分餐制。瑪雅男性（丈夫、兒子）在妻女的侍候下用餐；等他們離開飯桌後，才輪到母親和女兒就餐。這一現象在中國傳統社會裡也能類似地看到，所謂「男女不同席」的古訓即可作如是觀。作為習俗的男女分餐和次序，把兩性的地位固化在每個社會成員的心理中，成為性別權力的絕妙隱喻。

一種文化的最奧妙部分，大概就是它的隱喻了。通過曲折的象徵功能，瑪雅人擺平了兩性的權力關係。男人耕作，女人做飯，男女分餐，這些並不特別；瑪雅人的智慧在於人為地誇張了妻子為丈夫燒洗澡水的意義。這種小題大作、上綱上線，甚至誇張到訴諸法律的做法，實際意義遠遠不如其象徵意味。

　　這是一個虛張聲勢的壓迫。無論從性衛生還是感性上說，男子洗得乾淨，對女子自身有百利而無一害。一般來說，婦女總是被看成具有愛整潔的天性，她們通常是喋喋不休地要求懶散的丈夫、孩子變得整潔起來。

　　難道在瑪雅人中，情況就果真大顛倒嗎？非也！男人給了女人一個絕妙的台階，在一個對女性有利的事項上故意唬起臉來顯示男權壓迫。耍這個威風不會受到女人的認真反抗，一種願打願挨的結果，導致了男性對女性的性別優勢得以象徵性地確立起來。

　　瑪雅人恰當地處理了耐受壓迫的限度問題。明確宣布男人對女人的權威，卻是借助於洗澡這樣一件生活小事。對女人來說，在洗澡這事上承認男性霸權並不見得如何難以忍受。為丈夫準備一澡盆溫水，並不特別煩難。既然可以輕易做到，那麼丈夫揍妻子的法律就並不會真正經常執行。

　　相傳中國商代用酷刑峻法嚴禁把爐灰傾倒在街上的行為，其思路是這樣：爐灰揚塵會引起路人口角，口角會導致毆鬥，毆鬥會嚴重到彼此凶殺的程度。與其用重罪禁止衝動的毆鬥凶殺，不如防微杜漸，治其根本。倒爐灰小事與酷刑重罰之間，反差過於懸殊，那麼，人們做到不亂倒爐灰，必定比做到忍怒

不相毆殺容易得多。施行這條法律的結果肯定是很少有人犯禁。中國古人的倒灰法律與瑪雅人的洗澡法律真可謂有異曲同工之妙。這裡有某種可「通約」的真智慧在！

洗澡法律雖是一個象徵、一個隱喻，結果卻是真實的：男性達到了自己的目的——他們支配著她們。

「一刀切」不出好壞

瑪雅宗教有一種極強的「二元論」傾向。在他們的萬神殿裡有明確的善惡之分：好神帶給瑪雅人風調雨順、國泰民安；惡神則帶來飢荒、洪災、死亡和瘟疫等自然的不利，還會帶來戰爭、內亂等社會性的災難。好神和惡神共同對瑪雅人的生活起作用，以他們特有相互牽制、相互滲透的組合方式作用於人類，他們的喜怒哀樂投射到瑪雅人的社會生活中，表現出生活和命運不以人之意志為轉移的不可捉摸性。

這種善惡兩分的傾向在許多生命力較強的宗教中都有表現。比如流行於歐美各國的基督教，不僅信仰上帝，也承認有魔鬼撒旦，並且認為兩股勢力在人以外的世界互相爭鬥。有時撒旦還會跑到上帝面前告狀，使耶和華動怒，懲罰人類。以這種方式，宗教機制極微妙地製造了一個變因眾多的宗教世界，從而使神與人的關係也由單一的保佑關係或公正原則變得撲朔迷離，成功地使之接近充滿偶然性、不斷流轉變化的生活本質。只要宗教中存在兩種尚不能分出勝負的勢力，神性世界的

總體面貌就不會是靜止不變的。而只有當神性世界的面貌、神對人的態度是可變的時候，宗教才能解釋人所受到的誘惑、平安、打擊等常變的遭遇，人心才能於常變中維持心態的平衡和不變的信仰。

小時候聽人講故事，人物一出場就急著問：是好人還是壞人。長大了就覺得很好笑：用好人、壞人的眼光去看人，真是很傻。後來學習辯證法，卻有好一陣子始終分不清「一刀切」和「一分為二」。不都是分成好的和不好的、對的和不對的嗎？再後來才明白，不能一刀下去分成好壞就完了，無論對好的還是壞的，都要看到它內在的好壞兩面。也就是說，用好壞這種簡單的方式去把握世界並沒有錯，但這兩個標準要動態地把握，要在任何時候都把準這對立的兩極，懂得壞中有好、好中有壞；並且正奇互反，在不同層次、不同時刻，好壞是可以互相轉化的。

這個認識過程看來像是在糾纏字義，實際上正是認識過程的規律。正如《易經》所說：太極生兩儀，兩儀生四象，四象生八卦。人之初，物我不分，混沌一片。嬰兒眼中的奶瓶和他自己的手臂一樣，是他自我世界的內容。小孩子的原始情緒區分得也很粗略，沒什麼明顯的愛憎。等到有所喜，有所惡，懂得失意與得志時，就算是領悟了有暑熱也有寒冷的道理。等到對所惡者知其所以惡，在失意時仍懂得懷有希望時，才算理解到這一陰一陽的動態含義了。一生二，二生三，三生萬物。在第一層中見到陰陽，在陰或陽中又見到陰陽，乃至在陰中見到太陰、少陽，在陽中見到老陽、少陰，甚至將一陰一陽相承相

負，流轉相易的道理運用於理解萬物。這是中國古代智慧的最高成就。真正參透其中的道理，並且突破紙上談兵的層次，將此原則運用到人生的每一次出擊、每一種等待中去，是一個很高的理智境界。

然而，太平洋對岸的瑪雅文化卻用宗教的手法來處理這個問題。他們讓好神和壞神共同左右自己的生活。好神帶來雷電、降雨、豐收（雨神、蛇神），惡神帶來死亡、毀滅（死神、戰神）。他們之間永恆的衝突在一幅畫中得到了很好的說明。（圖24）中的雨神恰克對一棵小樹表現出扶持；而死神阿‧普切卻將樹一劈為二。好神和惡神不僅彼此爭鬥來控制人所賴以生存的自然，並且競相爭取人的靈魂。瑪雅人深信，他們的一切禍福都取決於神的情緒、神的力量。這也是祭祀、廟堂在瑪雅社會生活中占據如此重要地位的一個原因。

然而，也就是通過這種宗教二分機制的設立，瑪雅人將一種對立而統一的複雜機理深深縈根於人心的無意識中。瑪雅人不可能用靜止的「一刀切」方式去看待世界了。在小樹茁壯成長時，他們意識到死神隨時可能以各種方式將其摧毀。在和平豐收的季節，他們仍然要為隨時可能來臨的不意之災祭祀。他們始終能在烏雲中看到太陽，在戰勝時看到失敗。一種陰陽互易、禍福相繼、無常為常的思想，從幼年起就縈根在每個瑪雅人心

〈圖24 雨神育樹，死神折樹〉

中，也紮根於這個民族的初年。宗教將這種理性智慧以非理性的方式固定為一種文化基因，等到個體的理性成熟後，能自然地用它來平衡命運的多變，平衡人心的各種欲求和各種自律。

用好、壞來劃分人，是簡單化了，是傻；用好、壞來劃分神，是文化的成熟，是智慧。

天堂之門為誰而開

瑪雅人的天堂在十三層天之上，那上面美妙無比。人的想像力所能達到的所有幸福美好的事物，全都會聚在這個瑪雅人的王國。

持有無須簽證便一步登天的那種硬檔「護照」的人，包括這樣幾類：自殺者、戰死的武士、作人祭犧牲的人、難產而死的婦女和祭司。

這份值得玩味的入境者名單，確有不易理解之處。要說直接與天神交接並作為「天國」在人間的特命全權大使的祭司可以直接返回天堂述職，這還比較好理解；作人祭的犧牲者可以進入天堂，也在情理之中，因為他們原本就是航郵給天國神靈的禮物，總要讓神靈在天國查收吧！但是特意把難產而死的孕婦放在「大使」和「郵件」中間，卻是出人意料之外。

戰死的武士有資格進入天堂，這也不成什麼問題，因為武士集團就是社會的政治特權階層，他們是大大小小的貴族，其中最高地位自然就是酋長、首領了。他們戰死沙場，才贏得進

入天堂的門票，倒有自殘自戕的傢伙排在他們之前，這又是為什麼呢？

細細想來，這恰恰是瑪雅人智慧之所在！

資料雖然簡略，但也足夠想見其真相。十六世紀的蘭達主教在他的題為 Relacion de las Cosas de Yucatan 一書中寫下這樣一段話——

> 他們（瑪雅人）說那些上吊自殺的人升入他們的天堂，並且把這當作完全理所當然的事情；這樣就有許多人因為悲傷、麻煩或疾病等微不足道的原因而自己上吊，以此來擺脫這些事情而進入天堂安息。天堂裡有他們所說的名叫 Ixtab 的絞架女神會來使他們重新甦醒。

天主教是堅決反對自殺的，因為人自己無權殺死自己這個由上帝創造的生命作品。於是蘭達主教用不以為然的口吻，把悲傷、麻煩和疾病說成是「微不足道的原因」。

實際上我們應把悲傷改成「哀慟欲絕」，把「麻煩」改成「致命打擊」或「不堪重壓」，把「疾病」改成「病入膏肓」或「不治之症」等等。

撇開西方人教義的偏見來看瑪雅人自殺的原因，可能就得把「微不足道」改為「難以忍受」了。人因為難以忍受的原因而走上絕路，雖不能說理所當然，但也至少是可以理解並體諒的。這裡應多一些對人類需要的同情和關懷，多一些深層的愛和理解。

到了二十世紀九十年代時，人們開始認認真真地討論起「安樂死」的問題。雖然傳統的宗教信條和世俗的道德戒律還固守著陣地，包括反對「墮胎」等等，但是，越來越多的人對「安樂死」寄予了更多美好的希望，這是人類同情心與博愛情精神日益成長的體現。

　　在這個背景上，我們將不難稱許瑪雅先行者先知先覺的明智和大徹大悟的同情。他們為那些不得不自尋短見者的靈魂安排了欣慰的樂園。

　　他們也為難產「殉職」的產婦安排了天堂這樣的好去處，同情心在這裡還是主要原因。不過若只看到這一層，那麼我們的智慧就還沒能企及瑪雅人的精深奧妙。

　　文化觀念多少都免不掉潛在的社會現實功利目的，它曲折地反映了社會的客觀需要。以一種情感上、感覺上可接受的形式來掩蓋赤裸裸的利害動機，這就是我試圖揭示的文化隱喻機制之一吧！如果這機制是個體與個體之間有意識地運作，那就是「欺騙」了；而在群體或社會中以集體無意識的方式運作，就只能叫作人類必要的「文飾」，也就是「文化」，就是文明，也就是智慧。

　　請想，婦女生孩子雖是自然法則，但造物主並沒有讓這件自然而然的事情萬無一失。相反，婦女難產死亡卻司空見慣；在現代醫藥科學昌明之前，婦女難產的死亡率相當高。為了保證社會與文化的延續，人的再生產是近乎本能的功利目標。瑪雅人為了複製自己、傳承自己的文化，不能不把發給祭司、貴族的「天國護照」也爽快地發給生孩子的婦女。這種崇高的榮

耀，在我們看來無非是空心包子，對瑪雅人來說，卻好像真是什麼實惠的許諾一樣。

然後我們重新想一下上吊自殺的背後又隱藏著什麼。這次我們觸類旁通，領悟到瑪雅人也許又有某種潛意識的實際利害。有的野蠻民族有殺嬰習俗，有的還把年老的父母背上山崖推下山去。他們的殘酷乃是出於無奈，低下的經濟能力無法背負過重的包袱。聯想一下，我們今天呼籲推廣「安樂死」，不也隱含著不願為毫無指望的「植物人」白白耗費金錢、精力和感情的這一層「理性」的動機嗎？

那麼，瑪雅人巧妙地「鼓勵」自殺，大概也是為了剪除社會機體上有害無益的殘肢敗體吧！至於讓戰死的武士得到榮耀，那顯然是為了激勵士氣，培養為了民族利益不惜捐軀的尚武精神。讓作為獻祭犧牲的人死後進入天堂，則是祭司們為了他們草菅人命的陋俗鄙儀的延續而進行的「欺騙」。且不管人祭究竟對一個民族文化的興盛有什麼意義，單從那些即將被剖胸挖心作獻祭犧牲的可憐人義無反顧地一步一步踏著陡立的台階，自己登上廟壇之巔，欣然躺倒就位的可怕場面，我們就已經徹底明瞭了人與他的「文化」究竟是怎樣的一種關係！

第四世界

第一世界、第二世界、第三世界的劃分在現代政治詞典中有著明確內涵；但是，瑪雅人心目中的四個世界概念與此完全

是兩碼事。

該來的總要來。在瑪雅人心目中有一種根深柢固的宿命論觀念，它的根源也許就在於這種「第四世界觀」。

瑪雅人相信自己現在是生活於第四世界。在此之前，曾經存在過三個世界。第一世界的居民是矮人，他們建造了許多偉大的城市。這些城市的廢墟仍留在瑪雅人現在居住的地方。他們所有的建築過程都是在黑夜中進行的。太陽一出，矮人們就變成了石頭。

今天的考古學家在一些石祭台上發現了雕刻的矮人形。這些祭台是現今發現的最古老的石塊之一。瑪雅神話中所說的那些廢墟中的石頭人，也許就是這些刻有人形的石祭台。

這第一個世界最終為一場大洪水所滅；haiyococab 這個詞在瑪雅語裡意為「漫遍天下的大水」。第二世界的居住者是 dzolob，意思是「侵略者」；結果也為大水所沒。第三世界居住的是瑪雅人自己，他們是普通百姓；淹沒它的第三次大水稱為 hunyecil 或是 bulkabal，意思是「浸沒」。

前三個世界分別為三次洪水摧毀之後，出現了現世，也就是第四世界。這裡的居民混合體包括前三個世界留下的所有人，以及這個世界自己的居民。眼前這個世界也將為第四次洪水所毀滅。

這個故事充滿悲觀主義的宿命論情調。過去的世界一次次被毀，留下的也許只有石頭；今天的世界再美再好，也會被不知何時將至的洪水無情地毀掉。這其中表現出人面對災難時深層的悲哀和無助。

類似的無助感，我們當然可以在瑪雅人社會生活的許多細節中體會到。試想，瑪雅歷史上頻繁的戰爭送出去多少可能被殺或被俘的農夫？瑪雅人的宗教活動中要殺死多少人牲？熱帶雨林的沼澤、毒蟲、鱷魚，尤卡坦半島上的颱風、海嘯、火山，這些自然災害每年會奪去多少人的生命？瑪雅人的許多城市都有良好的水道系統，有些城市甚至建築在半山腰上；瑪雅人時時處處意識到毀滅性力量的來臨，也時時處處準備著災難的危害。

　　死神在瑪雅萬神殿中占有突出的位置。瑪雅人相信，惡神對人類的詛咒始終存在。它們拖著正在腐爛的身軀，和那些對人類友好、保護人類的神一起注視著人間，隨時準備把手伸向毫無準備的人。無論是面對好神，還是面對壞神，人類總是處於完全被動的狀態：主宰他的是這些神的意志；他的生命取決於它們相互較勁的結果。

　　人在宗教中與神的關係，往往決定著他對生活的態度。因此，一般瑪雅人對生活很少奢求。今天的瑪雅人仍然保留著這種傳統；他們總是各守本分，種地吃飯，很少追求過分的奢侈品。他們的這種安於天命的態度與第四世界的基調非常和諧。他們根本就是在演繹同一個主旋律。

　　傳說中的人知道災難是必定會來的，但是不知道這第四場洪水什麼時候來。在這樣一種預知難免遭災的心態裡，他們不求無禍；而在災難降臨之前，他們又能知足常樂。瑪雅老人在自知將去之際，會表現出安之若素的態度，坦坦然然地迎接死神。這種難得的心理平衡伴隨著瑪雅人度過種種突如其來的災

難，艱難而又堅強地存活下來。

世界上許多民族的古老傳說中都有洪水的影子。瑪雅傳說中用洪水象徵了一切毀滅性的力量。而其中關於第一世界矮人的說法又似有幾分真實性。如果說它不是以真正的史實為依據而濃縮、改編的故事，至少這其中很可能隱約反映了一種久遠而痛苦的記憶。

確實，人類是太痛苦了。比較大自然化海為田、風雲常變的力量，人類實在太渺小。比較全球性的冰川、乾旱或溫室效應，比較地球上司空見慣的山崩、泛濫或風雨，人類實在太脆弱。有史以來，不知多少民族覆滅了、沒有了；而另一方面，幾乎每一個民族都有大逃難、大遷徙的經歷。人們在不斷地設法躲避災難。努力改善環境，定居下來；努力觀察自然，尋找規律。古代文明都在有山有水的好地方發端、發達了。人們在那裡安居樂業，聚居繁衍；人們也在那裡引水填壑，造福子孫；人們還在那裡積累經驗，嘗試去讀懂天文地理。然而，文明發展的過程很漫長，人對自然的了解、掌握也很有限。山水雖好，也有令人遭殃的時候；知識雖好，也有不測之風雲。

瑪雅文明可以算是世界文明中成熟較早的一個。從瑪雅人所處的熱帶雨林氣候和他們種植玉米的情況來看，要解決溫飽問題並不太難。這裡雨量充沛，一切生命都在迅猛地生產、迅猛地繁殖。人類的一支較早地在這裡站穩了腳跟，發展文明。

然而，災害卻也從未遠離過他們。瑪雅文明中最發達的是天文學。人類探究天文星象的道理，最直接的動力就是了解天氣變化，掌握四時雨旱的規律。瑪雅人精彩的曆法、先進的數

學，都是在這種天問的原始好奇心驅使之下所獲得的。它們只是天文學的副產物。瑪雅人設計了精美的石建築。也許他們並沒有想要將它們永遠留住，不過，他們肯定考慮到了可能來自颶風、暴雨等的侵襲。

第四世界的故事還表達了一種輪迴思想。洪水可以一次次地來，但人還是一次次組成世界。這個世界可以從有人到有房屋、有城市、有一切東西。災難意識始終同建設意識交織，不斷重複。到後來，這種重複突出的已不再是災難的不可避免，而是人對它所採取的態度：照舊建設、照舊生活；既處之，則安之；在每一次災難過後都頑強地生存下去。促使瑪雅人去創造那許多文化產物、促使瑪雅人生存至今的，應該是這種百折而不回的建設意識。

人們會很輕易地評說瑪雅的宿命論，然而，我們也不應忘記瑪雅人對於命運的大災變有著出奇的開闊胸襟和博大氣魄。你看他們數千年不懈地逐日用編年法累積計日，使用的時間單位以十八或二十進位，一直到第九等級，理論上可以溯到幾百萬、幾千萬年前。

有意思的是，二十世紀八十年代，全世界範圍內掀起過一片對於全球性災變的關注。事情也許起因於數十年來一直困擾著科學界的環境污染問題。大氣污染、全球氣候轉暖、環太平洋火山活動加劇、大規模地震、太陽黑子活動頻繁，等等，多種事故連續發生，搞得全世界人心惶惶。接踵而至的是「危機」一詞充斥於我們的視野：能源危機、人口爆炸、自然的懲罰，不僅籠罩在每日看報、聽新聞的成人頭上，也籠罩著剛進

學堂的孩子。

在這種情況下，人類始終保留在記憶裡的災變意識集體湧現出來。全球在霎時間出現了無數個綠色和平組織，連小學生都開始談論全球意識。各種關於天外來客外星人、世界末日的傳說也一下子流行起來。在科學昌明的今天，人們再度表現出對生態變化的無奈；在理性的現代人身上，再度出現了原始的恐懼升級。有一段時間，各種數據不明（即使有數據，人們也不會注意它們，這部分信息會自動被過濾掉；而留在腦中的印象只是又一次災難即將來臨）的報導連連傳來，給人的感覺就好像即刻要天崩地裂似的。人們的反應也像當年愚人節時美國人聽到外星人攻占白宮時那樣，在一種極度的無意識恐慌中難以自持。

當然，這種原始的恐慌帶來了人類的自警。愛滋病把人們趕回了家庭，生態危機敦促人們保護環境，而綠色和平則有助於消弭國際矛盾，把人類內耗的能量轉向一致對待環境與人的共存問題。因為，人類對「洪水」之災的抵抗能力實在太微不足道：如果真的必須跟它遭遇，那實在是玩不起。

現代人轉而去控制廢水、廢氣，盡力回收廢物，開發替代性能源，控制人口增長，甚至還想開發遷居月球的新航線。這真是人類文明的偉大之處。然而，古代瑪雅人離洪荒年代不遠，甚至可能仍依稀記得人類歷史上的前一次大災變。那些今天已不再對人類構成毀滅性打擊的地區小災變，對他們來說，都可能意味著世界末日的到來。人口眾多，科技發達的現代人，在面臨世界大災變的威脅（或僅僅是對大難臨頭的想像）

時尚且如此有動於衷，僅處於新石器時代的古代瑪雅人，確實只有無奈的份了。

　　瑪雅人的偉大就在於這無奈背後的泰然，就在於這無奈同時的孜孜以求。他們的第四世界傳說最精彩之處就在於它不同於其他民族的一次性「世界末日」，用一種群體保存族類的精神爭取在災變之後的再生。

　　前些年在巴西發生了一起蛙類大出擊事件。一種異常大個的蛙類集結成數以百萬計的大軍，從山區向人類居住的城鎮發動地毯式襲擊。所過之處，草木不生、人畜不興。人們在牠們所經之處設置各種陷阱和防線，全部被這支大軍一一衝破。成批成批的蛙死去，但後繼者踩著同伴的屍體繼續進攻。這些「神蛙」的數量優勢和不斷自我恢復的攻擊銳氣，令人們心驚膽寒。有一種說法稱：這是動物對人類不斷進犯的反攻。不管事實是不是真有這麼理性，我們還是可以從中領悟到一種輪番出擊、矢志不移的強大生命意志。

　　瑪雅人就像螞蟻搬家那樣，以簡陋的工具創造了新石器階段最燦爛的文明。他們像那些「神蛙」一樣，坦然地去接受災變，並且在災變中尋求保存自己，一如既往地奏響自己文化的生存主題。

Chapter 8
存亡絕續

古老的回聲

前墨西哥總統洛佩斯・波蒂略說過：「活的、古代的、目前依然純潔的瑪雅語可以在我們國家的其他地區通用，這將使我們能夠傳播財富、節奏、古老的知識、生活。瑪雅世界古老的回聲在這部字典中得到新的反響。」

這段話是波蒂略總統一九七九年十二月在接見《瑪雅語—西班牙語字典》的編纂人員時說的，充分肯定了瑪雅語言在歷史上和現代生活中的偉大意義。這部字典是第一部大型的瑪雅語言工具書，是由成立於一九三七年的瑪雅語研究院終身名譽主席、尤卡坦人類學和歷史研究所創始人阿爾弗雷多・巴雷拉・巴斯克斯在一九四七年開始主持修纂的。這是語源學家、語言學家和語音學家對古代瑪雅象形文字和現代瑪雅民族口頭

語言進行多年研究的成果。全書 1500 頁，收詞 45000 餘，注釋二十萬條，可謂宏富。但它未收目前已經不用的詞語，因為古時的詞語讀音如何已不可考稽。這項語言研究仍在繼續。

瑪雅語言對於瑪雅文明的意義之大，自然不言而喻。

瑪雅地區在古代或在今天之所以是同一個單位，主要原因是其共享同一種語言，語言保證了說這種語言的人民的民族認同。今天我們辨別瑪雅遺民的主要標準就是看他們使用的語言：瑪雅語使瑪雅人與中美洲的其他印第安人區別開來。

瑪雅人熱愛自己的民族語言。現代瑪雅人堅定地維護著母語，幾乎很少有人學說西班牙語，更不用說英語了。幸虧有這種語言上的延續性，我們才有可能聆聽古老瑪雅世界的回聲，找尋古代文明的蹤跡。

瑪雅語目前的狀況正反映了瑪雅古代文明的一些特徵：既同一，又多樣。古代瑪雅土地上「諸侯林立」的政治版圖，在現代瑪雅語言方言眾多的現象中就不無反映。

瑪雅語通行的地區有墨西哥的尤卡坦、坎姆佩奇、昆塔那羅，宏都拉斯的科羅扎爾、奧蘭奇沃克和艾爾卡約，以及瓜地馬拉的佩騰。根據《新不列顛百科全書》的有關條目，還包括伯利茲和薩爾瓦多西部地區。

瑪雅語系內包含各種方言。在瑪雅古典時期，很可能是由一種產生於南部高地的語言，逐漸向北滲透，最後遍及整個尤卡坦半島。雖然各地方言變體自成體系，但根本上都出自同一母語系統。

如果考慮到殖民地宗主國語言在中美洲蔓延的廣泛程度，

瑪雅語言在地域上的封閉性確實令人驚奇。瑪雅人在他們久遠的歷史上，似乎習慣於小國寡民的聚居生活，很少大舉向外擴張。西班牙入侵之後，大多數瑪雅方言仍然保留在原有的相應地區，很少發生人們想像中的人口遷徙現象。一個主要的原因在於尤卡坦半島上的地理環境。這裡的山脈走向、幾個山系自然地分割出不同地域；相應地，方言的劃分也表現出一定的牢固性。

當然，真正的原因也許還在於其語言本身。瑪雅語言是一種多詞素語言，它的一個單詞相當於英語或法語中的一個句子。這種結構同漢語非常相像。從詞彙來看，它不同於其他中美洲的語言。瑪雅語詞彙的詞形變化不含任何語義因素，使用的規則也非常有規律，很容易辨識。所以，只要基本區分出其中的主要成分，也就是說，區分出名詞、形容詞、及物或不及物（有無動作效果）的動詞，以及它們相應的冠詞和介詞，即可以找出句義。而西班牙語中詞彙的變化形式要複雜得多。

不過，無論怎麼說，西班牙語還是在許多方面影響了瑪雅語。這種影響涉及詞彙、構詞法、語音、句法的各個方面。

語言是始終處於動態發展中的。雖然一種語言的音系、文字、句法、構詞法確定後，其自身就會成為一個不以個人意志為轉移的實體，有自己的運行規律。但是，語言的存在畢竟無法脫離使用它的個體。而個體語言獲得的過程既取決於外界語言環境所提供的詞—物聯結，又取決於個體指稱客體的願望、模仿學習、同化於約定俗成的語言習慣、順應外界變化、調節內在語言認知系統等等的個性特徵。一個民族在文明的發展、

社會生活習慣的改變，以及外來語言的影響下，其語言中反映出來的相應變化是必然的。

然而，一種語言在面臨其他語言的衝擊時，保持較強的相對穩定性，在某種程度上，也體現了它的自我完善性。就像漢語，具有比較成熟、完善的體系，在與其他語言交融的過程中，吸收、同化其他語種的能力比較強。瑪雅語言跨越數千年，在民族主體的政治統一性受到重大打擊、民族文化受到多次摧毀的情況下，不僅沒有像瑪雅文明主體那樣面臨滅頂之災，反而繼續流行於原來的地區，甚至突破外來語種的夾擊，至今通行於中美洲的廣大地區。

現代瑪雅人應該為這一古老的回響而感到驕傲。瑪雅人理解世界的獨特方式，瑪雅文化解釋世界的智慧成就，瑪雅人輝煌的歷史傳說，全都蘊含在他們的語言之中。語言是一個民族、一種宗教、一種文化賴以存在、賴以留傳的手段和標誌。來自外部世界的專家學者只有在發掘出瑪雅古城遺址之後，才了解了古代瑪雅的存在。而對於現代瑪雅人這個民族來說，瑪雅語言的存在和通行才是最有意義的。

瑪雅古城及它們鎖住的古代文明之謎，若要真正被解開，也還需要我們走近瑪雅語言，先去打開這個文化傳播媒介所鎖住的謎。

焚書不禁，智慧千古

成千冊的瑪雅文化典籍被西班牙宗教狂付之一炬，這種狹隘與偏執暴露了西方文化那最不光彩的死角。當瑪雅人好心好意地把自己文化經典中的寶貴內容講解給大洋彼岸的來客聽時，他們萬萬沒想到自以為聖明的天主教徒，原來在一些基本知識方面還非常淺薄、愚蠢。

瑪雅經書中記載著精確的曆法，比起教會認可的格雷戈里公曆（通用迄今）要高明得多，每年誤差一分鐘，也就是說大約一五〇〇年才差一天。瑪雅人的經書中還記載著不止一次的大洪水，人類的歷史可以上溯到洪水前數十萬年，這與《聖經·創世紀》關於洪水的說法大相徑庭。瑪雅人對行星運行軌道的深刻理解，遠勝於與上帝創世神聖地聯繫在一起的地心說。布魯諾一六〇〇年還受到宗教法庭審判，被燒死在羅馬的繁花廣場，這就難怪一五六二年蘭達主教要燒毀瑪雅經書了。

西方人被瑪雅人那些驚世駭俗、離經叛道的高深見識驚得歇斯底里大發作，就在他們口口聲聲指責瑪雅經書為「魔鬼的勾當」時，他們自己真的幹出了「魔鬼的勾當」。這回該輪到瑪雅人被他們的所做所為驚呆了。

大難不死、劫後餘生的瑪雅經文少得可憐，但總算沒有斬盡殺絕，使我們還能一睹古瑪雅經卷的風采。這些經卷以榕樹的內層皮和鞣製過的鹿皮為紙，用毛髮製成的毛筆書寫，蘸取的顏料是瑪雅人自己製作的，包括白、紅、藍、黃、咖啡等幾種色彩。

倖存的瑪雅經文有四部，它們分別根據收藏地點或發現者來命名。

　　（一）《德里斯頓抄本》：一七三九年，藏書家姚肯·克里斯蒂安·戈柴替德累斯頓王家圖書館從私人手中購得。其輾轉易主的經歷想必很複雜，可惜不為人知。這部抄本直到一百年後才公開面世，一八三一～一八四八年出版的九卷本《墨西哥古代文物》，分三卷將其全文刊印。一八八〇年，德累斯頓圖書館又重新刊出了它的描繪本，共三十九頁，各頁連起來像折疊的屏風。內容涉及預言、新年儀式、金星運行規律、日蝕周期表，以及天神伊扎姆納（Itzamna）的生活圖畫等等。

　　（二）《巴黎抄本》：一八三二年被巴黎國家圖書館收藏，但一直沒沒無聞，直到一八五九年才被最早研究瑪雅文化的學者奧·戴波尼注意到，一八七二年首次公布。長一·四五米，厚二十二厘米。

　　（三）《馬德里抄本》：又稱《特羅—科爾特夏諾》。乃殘卷，缺頭少尾，一分為二。一部分於一八七五年獲得，一八八三年發表；另一部分先已於一八六九年獲得並發表。

　　（四）《格羅里耶抄本》：首尾缺失的殘卷，僅餘十一頁。這部手稿為美國紐約私人收藏館藏品，直到一九七三年方由美國考古學家德·考爾公之於眾。這樣，一些較早的介紹都不知道它的存在，以為瑪雅經文抄本只有三部傳世。

　　這幾部抄本形成於不同時期。《德累斯頓抄本》可能出自十一世紀，《馬德里抄本》可能是十五世紀的手筆，《巴黎抄本》大概略早些。抄本，顧名思義，這些經書並不是瑪雅最早

文獻的原件，而是祭司們在數百年中陸續抄錄繪寫的複製品。瑪雅人的「紙張」，經不住五百年的考驗就會變成腐灰，所以複製經文也是自然而然的事。不能僅僅從「紙張」材質上鑑定歷史的遠近，而應相信這些抄本反映了瑪雅人相當穩定不變的古老觀念和傳統。

就是這僅存的幾部抄本，儘管只占曾經存在過的經書的一個幾乎可以略而不記的比例，卻已經為我們窺望瑪雅智慧開啟了一扇美妙的窗門。其中有瑪雅人農業生產和漁獵等經濟生活內容，有關於社會各階層人民的生活制度、服裝、飾物的規定，有關於婚喪嫁娶時祭神儀典的記載，有關於遷徙和動工建築的儀式活動的記載，還有關於兒童教育的；當然，社會管理制度以及祭司、武士、手工業工匠、商人、醫生、巫婆等社會各色人等的活動都有所反映。

上述說法，還僅僅是我們今天能夠釋讀譯解的部分。這已足令我們想到瑪雅人曾取得了那麼令人驚嘆的「單項」成就而目炫神迷。比如就說關於金星吧！他們已計算出其繞太陽一周，需要五八三‧九二日，這個運行周期，一千年的誤差率僅為一天。要知道這是瑪雅人在歐洲人還沒有哥白尼「日心說」的時代，在沒有現代天文科學儀器的條件下所取得的成就。再如瑪雅人發明數學中的「零」概念，至少比歐洲人從印度、阿拉伯人那兒學來早八百年。這是瑪雅人光耀千古的智慧，但同時也只是這智慧的一鱗半爪、吉光片羽而已。

於是，我們完全可以設想那些尚不為我們所知的瑪雅智慧成就，當是多得不計其數。傳說在中美洲榛莽叢生的熱帶雨林

中，深藏著瑪雅人的「金書」。就像其他的瑪雅傳說曾經曲折地反映了某些事實那樣，這也許就是我們對尋找千古不滅的瑪雅智慧的巨大希望。

秘而不傳

在瑪雅文化的著作中，常常出現 esoteric 這樣的形容詞，表示瑪雅人的宗教觀念、學問知識大都處於「祕傳」的狀態。

瑪雅文化宏大精深，天書般的象形文字絕非外人所能了解，其書寫與刻畫的繁難複雜又豈是普通人擺弄得了！這套書寫體系顯然不夠平民化，使用起來費時、費腦，還費體力呢！

我總想開宗明義地表達我的感想：從文化機制上說，瑪雅人的精妙絕倫之處也正是其貽誤自己的要害所在。這難道不是我們人類「智慧」癥結的體現嗎？一種智慧的發展也正是不智的濫觴，創造了一種可能也就剝奪了另一些機會。瑪雅人沒能盡早地離開令他們自我陶醉的美奐美輪的「天書」，沒能早些開始簡樸的書寫方式，沒能更加貼近世俗生活的需要而用表義、表音的符號體系來記錄大眾的語言，就像中國人、歐洲人那樣，於是，瑪雅的精妙完美成了自己的障礙，以至於被西班人逼到山窮水盡的地步。

除了文字是祕傳的複雜體系之外，瑪雅人一切值得驕傲的知識都是祕傳的，為少數人所掌握，由少數人傳承。這些人是瑪雅祭司。上層人士，貴族和祭司，把他們的子弟送入隔離的

祭司學校，傳授那些祕傳的東西。通常權貴人物的長子繼承其父的權利和地位，其他兒子很小就「入學」了，經過系統的祕傳，相當不容易地成為新一代的祭司。

天才的數學算術，從發明「零」符號到大工程的建築設計計算，都由少數祭司掌握；高深精密的天文星象學，理所當然是祭司們的專長。他們要與神靈對話，要制訂曆法、安排農事和其他一切社會生活，就必須具備祕傳的通天本事。話說轉來，即便現代信息社會日漸大眾化的高等教育，也只是涉及社會生產生活的常識層，真正精深的學問還須由少數人探究。人類能夠使自己的一部分成員有條件超離出來，從事探究形而上的問題，乃是人類文明巨大進步的必要條件，甚至就是文明進步本身。瑪雅人通過貴族、祭司、平民、奴隸這樣的社會等級，通過少數人的高貴化，通過專職祕授的方式，才達到了那麼高深的知識程度，演奏出這個文明的華采樂章。

然而，文明的悲劇就此埋下了種子。

或許在人類坎坎坷坷的歷史上，曾經被扼殺的文明之花太多太多，由於早就遺忘、早就蕩然，以致沒有絲毫的痛心追悔，就好比翻錄一盒磁帶，抹了曾經錄下的金曲而不自知。今日世界每天都有物種悄然滅絕，這已引起生態學家的憂傷；今日世界的文化演變融合成這樣的幾大流派，也不知失去了多少美妙的文明支系。僅以中國為例，在遼西、內蒙草原上疊築圓形三重卵石祭壇的文化群體不知流落何方？而三千多年前曾經熔塑出堪與希臘藝術媲美的青銅人像造型的三星堆古蜀先民，其血脈又該怎樣鮮活地存於民族性情中？……遠去了的故事，

淡化了的特性，融合同一的感覺，使一切顯得自然而然。

但是，瑪雅文明之花的凋謝零落，卻在世界近代史（公元一五〇〇年之後）的清晰記憶中。於是，它成了引人關注、令人感懷的悲劇主角。人們一下子就抓住了瑪雅敗落的悲劇性原因：它直接受害於西班牙殖民者的扼殺，也間接受害於它自己文化機制上的「祕傳」。

祕則不傳！一五六二年，西班牙殖民者的隨軍主教迪耶戈·德·蘭達還嫌四十年間對瑪雅文化摧殘得不夠，為了徹底從精神上消滅瑪雅人，傳播他上帝的福音，竟然野蠻地下令燒毀所有的瑪雅文獻，用象形文字記載的瑪雅歷史、文化、科學、哲學全都成了劫後灰燼。更令人髮指的是，這位上帝的使者也把歐洲中世紀最可恥的火刑柱搬到了新大陸：難以計數的瑪雅祭司慘死於熊熊烈焰之中，帶走了只有他們才通曉的瑪雅文明成就。蘭達主教的所作所為，比之中國背了兩千年罵名的秦始皇「焚書坑儒」，不知還要惡劣多少倍。他燒毀的是人類花了數千年時間在西半球培育的最為光彩奪目的文明之花。

這一悲劇的直接惡果直到今天還在讓人品嘗。許許多多的文化人類學家、文字學家、電腦專家都試圖破譯瑪雅象形文字，從而解決文化史、科技史上的若干重要課題。今天在四本倖存的瑪雅經書中，在廟宇、墓室的牆壁上，在金字塔和紀年石碑上，在陶器、玉器和貝殼上，還存有大量的象形文字。有一座金字塔，台階上竟然雕刻著二五〇〇個象形文字。經調查，大約發現了八五〇多個各不相同的字符，三千多個詞彙。而能夠釋讀的瑪雅文字不足三分之一，這還多半仰仗那位罪魁

蘭達的記錄。歷史就是這樣歪打正著，令人氣悶。

　　釋讀失傳的瑪雅文字，這項誘人的研究已經動用了各種手段，包括美國科學家的大型電腦，每秒百萬、千萬次的運算也莫奈其何，迄今未有驚人的進展。前蘇聯科學出版社列寧格勒分部於一九七五年出版了著名的歷史學家、人類學家和古文字專家尤·瓦·克諾羅佐夫的新成果《瑪雅象形文字手稿》。這位史學博士還著有《古代瑪雅的文字體系》（一九五五年版）、《瑪雅印第人的文字》（一九六三年版）等學術專著，提出了解讀瑪雅象形文字的方法和規律，並做了一些譯解和結論。二十世紀六〇年代中，還有一位前蘇聯學者塔吉揚娜·普斯庫里婭科娃也宣稱她破譯了一些瑪雅碑文，但並無下文，瑪雅象形文字依然謎一樣地擋住我們的視線。

　　即使我們真的分析出了瑪雅象形文字的圖形結構和譯讀規則，那也是遠遠不夠的。關鍵是要恢復古代瑪雅語的語法結構，特別是要恢復古瑪雅人的詞彙。也許把問題僅僅看作現代瑪雅人使用的瑪雅語已經與他們的祖先不同還沒有抓住要害，我覺得人類學家應有更深的理解。瑪雅語古今的差異還不是象形文字難以釋讀的原因，真正的原因或許在於：瑪雅象形文字根本就沒有真正記錄瑪雅語言。瑪雅象形文字所組成的碑文、經文，當年是無須直接記錄語句的，它只是給出一些基本的會意內容，祕傳祕受的祭司集團可以用語句翻譯、解釋、表達它。這可比擬於中國古代集地理、醫學、科技、歷史、民俗、礦學、動植物誌等為一體的「奇書」、「巫書」。《山海經》它的文字現存之面貌充分反映了它的源本，它極可能是上古的

圖畫符號記錄，並在春秋和戰國之世成為文字譯釋、綜合整理的版本。從《山海經》可以反推到瑪雅圖畫般的碑文、經文，《山海經》脫胎的那個更早的形象化藍本與瑪雅象形符號有著近似的意義，也都是巫師、祭司祕傳祕受的底本。只不過中國人稍稍幸運些，相傳大禹、伯益這樣的聖王賢相用文字整理、記錄了《山海經》，而瑪雅人則僅僅保留在祭司的頭腦中。但再反過來說，我們除了可以理解傳承的文字以外，又不幸沒有瑪雅那種千年不壞的石頭上的「天書」。瑪雅似圖似畫、奇異瑰麗的象形文字，雖說現在一時還難以理解，但留得青山依舊在，終有雲開霧散時，未來還有破譯的希望吧！

總之，「祕傳」引出了「祕則不傳」的文化思索。人類文明的發展時時處處存在著風險，已經獲得的成就也可能喪失。這是否可以啟發我們文化機制上分散風險的靈感!?雞蛋不可全裝在一個籃子裡，瑪雅祭司就是「不幸摔到地下的籃子」。

出頭鳥·文化基因

今天尤卡坦半島上的瑪雅人似乎是平平淡淡的一群，一點也沒有顯示出什麼領導能力上的天才稟賦。而按理說，要在這幾十萬平方公里的土地上組織起一個輝煌的文明，建造成百上千的巨大金字塔、石廟壇等工程，那非得具備超常的組織管理能力不可。難道祖先的天才品性是「十分天賦全用盡，不留半分遺子孫」？

我可不想過多地誇大「遺傳」二字的影響，這會造成一種脫離大眾的英雄史觀的印象。我也不想陷入生物學上究竟先天遺傳性重要，還是後天習得性重要的難纏爭議中。或許今天的瑪雅鄉民果真缺少點兒領導能力的遺傳，或許是他們的文化傳統本身發生了變異，不再鼓勵出人頭地。這兩種可能姑置一旁，因為它們似乎又是糾纏在一起的，不僅學理上「纏不清」，而且歷史上也是「理還亂」。

　　擺在眼前的事實是：瑪雅遺民通常不願承擔行政管理的責任，縮頭縮腦，甘為人後。對這個奇怪的現象，應做歷史的分析。前述宏偉的建築工程，實際上是瑪雅的祭祀中心、市鎮群落的組成部分，主要是瑪雅全盛期古典期以及稍後的後古典期的產物，無一與西班牙統治時期有關。在瑪雅社會體制未遭破壞的時候，社會等級是十分明確的。領導和管理的職能，嚴格而排他地限定在貴族和祭司們手中，與平民和奴隸無關。普通瑪雅人只不過是提供糧食的農夫、提供燒柴的樵夫、提供用水的挑夫、提供各種消費品和宗教設施的工匠。

　　千真萬確，是由廣大的瑪雅群眾以刻苦和辛勞創造出了金字塔、廟宇和宮殿，但他們卻始終受到政權、教權的雙重控制。「勞心者治人、勞力者治於人。」中國的聖人早就招供了，瑪雅的案情也未必更複雜。

　　於是，我們發現了簡單的道理：儘管瑪雅「勞力者」在勞動的過程中不乏具體的勞力技巧和創造火花，但是，他們在偉大工程上展現的井然有序和氣度恢宏，卻不得不歸之於他們的政治領袖和精神領袖。勞力與勞心的完美組合，這才是文明發

展的條件。然而，這樣過於明確嚴格的社會分工，必然需要文化機制的保障。等級制度與服從觀念互為因果，互相創造、強化，最後固化，成為超越時空的文化基因，根植在一個民族的民族性之中。

我們也不應該過分厚非瑪雅人，他們在這方面的特點未必見得就比其他古代民族特別顯明。實際上，美洲印第安人與他們的生理上、文化上的近親東亞人一樣，都比較傾向於尊重秩序、尊重權威、尊重群體。瑪雅人已經培養出了服從、合作的文化氛圍，甚至在每個社會成員的人格中埋下這樣的文化基因。這在本書〈又是「三綱五常」〉一節裡已作分析。

等級是天然的，是神意，與個人努力無關。龍生龍，鳳生鳳，貴族與祭司這兩個階層內部自行重組、流動、世襲。於是，瑪雅社會的「勞力者」集團與「勞心者」集團就長期處於界壘分明的狀態下。這無疑會使一個社會的管理職能和領導經驗相對凝滯地劃歸一部分成員所有，進而在文化觀念、心理傾向上也出現不同階層的分化。瑪雅社會在婚姻方面的門戶觀念，也使社會地位不同之成員的流動可能性大大降低。

宗教方面也沒有給各個等級之間進行流動的精神支持，瑪雅人各自都有生來注定的保護神，都有各自的命運，這是社會秩序的常態和穩態在宗教上的反映。西方文明從上帝觀念中幸運地推出上帝面前，人人平等，進而成為人文主義的天賦人權理論，最終才有了現代尊重個性的主張。以個人自由發展作為現代文明進步的推動力，這與勞心、勞力分工以促進文明進步的瑪雅模式大不相同，但對創造人類文明的業績這一點來說倒

又是殊途同歸。

　　瑪雅人不喜歡我們現代人司空見慣的個人主義。他們那種人拉肩扛，搬運數十噸巨石的工作，來不得個性化；他們必須步調一致聽指揮，需要安分守己，安於自己的「職分」，守住自己心中的「不安分」。所以，我們在今天的瑪雅遺民身上看到了溫順的合作態度，競爭性在他們之中沒有市場，就連孩子們的遊戲裡也不強調競爭。他們長大以後自然也沒有非要勝過別人的強烈願望；他們滿足於當一名莊稼漢，自給自足，小有盈虧。這就是我們所看到的瑪雅凡夫們，一個極少「出頭鳥」的人群。說到「出頭鳥」，我們的討論則又有了新轉機。

　　「槍打出頭鳥」不僅是一句諺語，也是一段史實。西班牙人的殖民強力首先落到貴族和祭司這兩個階層頭上。西班牙的軍事威力突如其來地剝奪了土著統治貴族的一切政治權力，而天主教教士迅速取代了土著的祭司。肉體上有計劃的消滅，以至於很快就沒有多少瑪雅領袖人物得以留下來了。

　　不可否認，這對瑪雅民族是致命的打擊。「勞心」階層被消滅了，瑪雅民族不僅失去他們專享的知識和經驗，還可能失去本民族用幾千年的歷史專門「特化」出來的「基因群」，失去了智力上超常、藝術上有天賦、特別具有組織管理能力的優秀基因。沒有誰懷疑過今天瑪雅遺民的智力水平，所有有幸造訪瑪雅地區的觀察家對瑪雅人的聰慧都稱賞有加，由此可以想見這個民族早年所擁有的精英分子該是如何出類拔萃。我曾經看過一些本世紀初的瑪雅人像；學者們給某個瑪雅村落的世襲酋長拍過照片。無論以什麼比照標準，這個偏遠山村的小首腦

及其年輕的兒子都相貌不俗，可謂睿智、英武、俊逸；而父子的酷似，又似乎證明了某種優秀的遺傳性。但顯然這個小村落只能展示瑪雅世界極微小的一部分。

學者們正確地指出：古瑪雅人在沒有金屬工具、機械設備等技術手段的不利條件下，竟然還能夠創造如此輝煌的文明業績，這完全要歸功於他們高度成熟發達的社會組織結構。技術性因素不足，社會性因素充分彌補，這就是瑪雅文明興起的原因。說得偏激點，古代瑪雅的「出頭鳥」確乎是「出類」、「頭挑」的領航員，否則瑪雅文明不可能飛得這樣高遠。如此說並不見得是有違人民群眾創造歷史的總原則吧！

如果我們諱言生物學的基因，那麼就改稱文化學的傳統吧！瑪雅人失去了「出頭鳥」的傳統，「文化基因」失傳了。

面子裡子 · 有關無關

瑪雅人的文化心理中有一些似乎矛盾的現象：他們會把自己的行為用一套轉化機制，變成完全相反的意義。

著名的瑪雅文化專家莫利在本世紀上半葉，曾經講過一個他親身經歷的故事。有一天，他叫他的瑪雅男僕把一窩小貓仔淹死。那個瑪雅小伙子面露難色，聲明：「我不能做這事。」但他馬上接著又說「不過我會把牠們帶到灌木林裡去，離莊園遠遠的，把牠們丟在那兒死去。」他沒有親手去殺死貓仔，牠們怎樣死就與他無關；如果牠們最後死在灌木叢裡（那是確定

無疑的結局），那這乃是天神的旨意和行動──不是這位瑪雅小伙子的過錯，他是完全不相干的人。

這套邏輯在我們看來實在是有點自欺欺人，但卻足以滿足瑪雅人。他們萬眾注目的血腥人祭儀式的殺人場面，大概也是用這種邏輯解釋的。不是人在殺人，而是神在接人上天堂。他們使自己擺脫了關係，使事件與己無關。

這種「與己無關」的集體無意識，可能與全民性的「縮頭烏哲學」不無關係，互為因果，甚至有可能導致了瑪雅文明在十六世紀被西班牙征服者摧毀。別的部落受到殖民者侵犯，這與我無關；別的人受到殖民者殘害，這也與我無關。

奇怪的是，瑪雅人的「無關」又是由群體「共擔相關程度」來表現的。既然人人都受到了傷害，那麼為何偏偏要我做出頭鳥來反抗呢？（這多麼像猥瑣的小市民心態！）一件事越是與人人都「有關」，那就與自己最「無關」。沒想到瑪雅社會精心設計的集體主義文化，最後走向這種不堪的反面！

瑪雅人就是用人人分擔那麼一丁點兒「干係」來使得人人「無關」的。偏遠的瑪雅村莊還保留這樣的習俗：當某人死後，要為他舉行洗罪儀式。把屍體放在長條狀木澡盆中洗過。洗澡水是稀玉米熱湯。洗罷，親屬和眾人一起分頭把熱湯喝光，象徵性地承認分擔死者的罪惡，使得死者的靈魂可以順利入關，進入天堂。他們居然不怕自己的靈魂進不了天堂！原來每個人都分擔了責任，人人有份，連罪惡都「稀釋」了！

集體負責制＝沒有任何人需要負什麼責任。

文化的表現樣式，比如這洗罪分湯的儀式活動，無非象徵

某種深層的文化機制。而對於一個民族來說，其內心世界有著自己的統一性。許多看似無關的行為表現，卻有著彼此相關的深層聯繫。貓仔不是我殺，而是神靈殺死的；死後我的罪責不由我，而由別人替我分擔；別人的罪責轉嫁到大家頭上，轉到我身上的那一點點可忽略不計，至少我也不那麼突出……種種各樣，無非都是變「有關」為「無關」的推卸、逃避心態。

那麼，能不能最好連湯都不喝呢？，豈不徹底無關了嗎？不行。人人「有關」的事，我怎麼可以「無關」呢？要是那樣的話，我則突出於眾人，變得最特殊、最與什麼說不清的東西有關了。恥感文化那套機制又起作用了，每個人都非常在乎別人的評價，每個人都盲目從眾，以此獲得個人責任的解脫。

走進瑪雅人茅草蓋頂的村舍，會看到一幅古典的畫面：豬呀、狗呀、雞呀在屋裡、屋外任意閒逛，到處留下糞便；院子裡，打碎的碟子、破裂的罐子、損壞的盤子躺在多年前被它們扔棄的老地方。這給大多數瑪雅家庭帶來的絕不是整潔的氛圍。然而，「眼見為虛，人言為實。」瑪雅婦女最希望討個「好說法」：她們是理家有方、勤於打掃的內當家。她們不僅「灑掃庭除」，還專門每天額外地清掃家門外髒亂的街道。真可謂：「自家門裡屎不鏟，專管人間路不平！」

把與己無關變為有關，把「家政家務」變成「公關形象推出」，這還是同一種心理傾向在作怪。不要裡子要面子，在「有關」和「無關」的邊界進進出出，這是一種文化上的「偷換概念」。瑪雅人借助於這種巧妙隱喻式的概念轉換，把自己的罪與恥、責任與義務、畏懼與逃避、情願與不情願等等矛盾

統一了起來。

成也由斯，敗也由斯

「福兮禍所倚，禍兮福所伏。」個人如此，民族也如此。當我們選擇了一種生存策略時，就要同時接受它正面與負面的後果。那種一分為二的「精華」、「糟粕」觀念，多了些「二元論」；而去其糟粕，取其精華的念頭又多少有點異想天開。做成了的大餐無法回爐。

文化，成也由斯，敗也由斯！

面對生存與發展的種種挑戰，一些種族敗亡了，一些種族反而日益發達起來。興盛起來的文明即是進化史上優選的智慧基因。瑪雅人在中美洲土地上贏得「選民」的榮譽；然而，他們又被無情地拋棄了。他們曾經取得巨大成功的文化策略，沒能應付變化了的挑戰。儘管他們躲過了公元九世紀那場突如其來的文化崩坍，離開他們生活了幾千年的基地而在尤卡坦北部重新開創了一個文化繁榮期（儘管多多少少有些失去水準），但當歐洲人徹底改變他們的文化生態，給他們的生存與發展提出嚴峻的挑戰之時，他們沒能倖免於災難的結局：土地被占領了，城市被摧毀了，民族被征服了，文化被湮滅了。

瑪雅人的文化機制出了問題！一種曾經在許多個世紀裡給予他們戰勝挑戰能力的文化，卻使他們先天地對另一些挑戰產生不適之症。為了對付以往的生存難題，瑪雅人已經進一步地

把自己的文化「優化」、「特化」了，也就難以「轉化」、「進化」了。

在中美洲地形複雜、相互隔離的自然環境中所形成的各自為政的鬆散局面，使得瑪雅人被各個擊破。他們沒能以一個強大統一之帝國的政治軍事力量，擊退一支幾百人的西班牙殖民軍。列強在打開中國大門之前，則至少懾於清朝帝國紙老虎的形象，頗為躊躇了一番。

為了使人民安於職分而形成的文化機制，比如馴服、謙讓的民風，也為征服者的頤指氣使準備了心理上和人格上的條件。文化傳統要求瑪雅人尊從貴族和祭司的統治，這在二十世紀八〇年代仍然餘風不絕。一位訪問者在瑪雅人聚居區看到這樣的場面：當一位裹著紅頭巾的人士走過，在場的瑪雅鄉民全都必恭必敬。據說那個裹紅頭巾的人是有身分的人物。瑪雅鄉民對他們的祭司（已經相當世俗化的當代人）也十分崇拜、信奉。由此可以想見三百多年前瑪雅先民該有多麼「唯上主義」。他們的酋長被西班牙大大小小的總督取代，他們的祭司被西班牙神父取代，但馴服與崇奉的關係卻沒有被改變。

為了一種社會內部的秩序，瑪雅文化特別設計了許多關於男尊女卑的文化隱喻。它確實解決了兩性衝突，保障了社會分工，促進了文明進步。但是，卻沒料到造成了一個十分戲劇性的文化「報復」：一名瑪雅婦女成為助紂為虐的「女禍」。

一五一九年，毀滅瑪雅文明和阿茲台克文明的罪魁科爾特斯（H·Cortes）踏上瑪雅人的土地。初戰告捷後，戰敗的塔巴斯科（Tabasco）瑪雅人給他送來黃金和二十名年輕姑娘。

其中一個少女是其他部落已故酋長的女兒，人長得美麗、機靈，不僅懂得當地方言，而且會說阿茲特克語。科爾特斯給她取名為瑪麗娜（Marina），聘為翻譯官，進而變成祕書，再進而納她為妾。這個嫁雞隨雞、嫁狗隨狗、嫁科爾特斯姓科爾特斯的「瑪麗娜」，死心塌地地為丈夫效命，在殖民者征服瑪雅人和阿茲台克人的過程中起到了極為重要而惡劣的作用。這是不是瑪雅文化的悲哀呢？

我們也能理解宗教對於一個民族走向文明的作用，容忍種種在我們今天看來荒謬的東西。但是，我們很難平靜地看到它不僅無助於那個民族，反而危害那個信仰它的民族。在瑪雅文明遇到歐洲入侵者嚴峻挑戰的時刻，瑪雅宗教沒能像它在歷史上那樣，給瑪雅人以精神上有益的支持，相反卻成了不折不扣的「麻醉人民的毒劑」。

瑪雅神系中那些個最主要的神是怎樣的相貌呢？天神、雨神、月神、戰神這幾位座次最靠前的大神都長著歐洲人那種長長的鷹鉤鼻。要說這是對瑪雅人略帶點兒突出的鼻尖的寫實描繪，實在講不通，畢竟瑪雅人是蒙古人種印第安民族。這種歐洲式的鼻子來源於誇張，誇張的目的乃是為了神祇的神異性，所謂異相與神通有關嘛！不料有一天，真有一些高鼻子的白人打上門來，這就足以令瑪雅祭司驚訝了。

我這個推測很可能是符合實際的，因為有旁證。瑪雅人的近鄰（相距幾百公里）阿茲台克人就相信，來犯的西班牙人乃是歸來的羽蛇神。在他們的宗教傳說中，好戰的神德茲卡卻波卡用詭計驅逐了慈善的羽蛇神。當羽蛇神含恨而去時，曾經發

誓要返回來，奪回失去的王位和權力，重新保佑他的子民。這就像基督教所宣稱的，上帝總有一天會降臨人世，來作末日的審判一樣：惡有惡報，善有善報。阿茲台克人的君主蒙提祖馬二世（Montezuma II）作為好戰之神德茲卡卻波卡的現世代表，相信自己遲早會被羽蛇神罷黜。當西班牙人占領了西印度群島以後，那些「白臉、蓄鬚、身著五彩服裝」的傳聞就使得預言變得近在咫尺了。後來的故事我們很清楚：蒙提祖馬二世開門揖盜，乖乖地成為科爾特斯的俘虜。

儘管這個故事不是發生在瑪雅人身上，但也不無可借鑑之處。特別是上文提到了西班牙人「蓄鬚」，這鬍鬚也許和鷹鉤鼻一樣不可小觀。一般說，瑪雅人沒一個是多毛的，男人要嘛是一根髭鬚都沒有，要嘛是極為稀疏。瑪雅母親們用熱布燙她們孩子的臉頰，甚至用諸如鑷子之類的小工具來把個別的毛髮連根拔除。雖然通行這一做法，但是從古王國時期的雕刻和彩陶上看，類似現代的山羊鬍鬚還是有人蓄留。這表明，現在的風俗只是下層階層的情況，浮雕上蓄鬚的形象卻限於上層人士或者神祇。這樣一來，鬍鬚頗濃的歐洲來客不就越加天然地具有高人一等的身分證明了嗎？

對神靈的信仰，對祭司預言能力的迷信，這些都曾是整合瑪雅社會的有效文化手段。然而，當西班牙人已經把屠刀架在他們頭上時，卡克奇克爾部落（Cakchiquel）卻還在向祭司乞靈。祭司們預言，雷電會擊死敵人，只要在雷雨天到河對岸，就會看到雷電懲罰邪惡者。於是他們失去了警覺，被西班牙殖民者擊敗，只得倉皇敗逃，躲進山林。這不僅是臨場失去警覺

的問題，而是預先就注定喪失了自信、自救的能力。

　　做成了的大餐無法回爐。一個文化混合體一旦確定下來，它已經用自己的機制，將各種社會成員、各種心理成分做好了調配。幾千幾百年中一點點加上各道工序，已經吃了許多年了，實在無法還原到新鮮原料，重新來過。

　　瑪雅宗教和悠久的文化，在每一個體的心中建立起逆來順受的無意識。這樣勤儉、安分、規矩的順民當然容易控制。內心的信仰、自我以及欲求的平衡，已經為他們提供了一種固定的心態；社會文化為自己複製了一個又一個社會化的適應文化、代表文化的原子。

　　瑪雅人的馴良造就了瑪雅文明中集體主義的傑作。但也是這批文明人，對外來無禮的入侵表現出同樣的馴良，人為地促成一個與他們的神話相類似的末日故事。這對於沒有文化的動物來講，肯定是不可能發生的事。

　　文化編造出種種故事，幫助人類存活、繁衍，在脫離動物軌道的靈性方向上迅跑。這些壓抑、投射、昇華原始慾望的手段一旦確定，就為文明複製著生物人以外的文化人。然而，當文化性對生物性的改造達到違反生物求生本能的地步，也不能不說是文明的一種缺憾。

Chapter 9
總結不終結

瑪雅：發現再發現

　　一種較流行的說法，乃稱瑪雅文明為「消逝的文明」。有了「消逝」，就又有了重新「發現」的說法。

　　存在著兩種不同層次的所謂「消逝」，也就相應地引出了不同層次的「發現」。但無論「消逝」也好，「發現」也罷，我覺得都是一個關於「視力」的問題，都可以對觀察者的視力作點智慧上的估價，都可以說三道四。

　　按邏輯推說，假如一個事物在空間裡「消」了，在時間中「逝」了，那又如何能被「發現」呢？看來，這中間有著語言和歷史的誤會。如果沒有一種智慧的眼光，就會對仍然遺存的瑪雅文化視而不見。這就是十六世紀到十九世紀發生的情形。而一旦人們獲得了文化學研究的眼光之後，「消逝」的瑪雅又

重現了它往昔奪目的光彩，一個又一個被遺忘的瑪雅故址被發現。直到最近，一九九二年九月二十三日，埃菲社還報導了瑪雅金字塔群的最新發現。

神秘的瑪雅，消逝的文明，還有「金字塔」，這類詞句無形中給人語言的誤導。語言，不僅容納著理性的概念，也覆蓋著情感的意象。當我們對某件事物缺乏必要的了解，情感化、主觀性的想像力便張開了它的翅膀，去占據沒有硬梆梆物質的虛渺太空。外部世界的觀察者最初目擊瑪雅文明時，必然驚異於它那種與眾不同的異域情調，對它那些輝煌精美的建築、雕塑、工藝的驚歎夾雜著不可思議的情緒震動，而那些幾乎未能破譯的象形文字更強化了人們的智力、理解力受挫之後難以名狀的困惑；於是瑪雅便被冠以「神祕」的形容。

歷史上曾經發生過的文化衰落，即瑪雅文明在公元十世紀的退潮，儘管只是考古學家、歷史學家對現象不完整的描述，但是，一旦離開了特定的學識背景，就被文學化手法說成瑪雅文明「消逝」了。這一點，我將以最大的興致在下一小節辨析一番。「神祕」加上「突然消逝」，再加上諸如「金字塔」、「宇宙天文學」之類「連現帶人都無法企及」的說法，豈不令人陷進神魂顛倒、想入非非之境！難怪關於瑪雅文明的介紹，還有南美印加文化的介紹，多少都沾染了一些神祕主義的氣習，引入了「瑪雅人是 X 星球來到地球發現的一支遺民」之類荒誕不經的理論。

這是語詞的誤會，也是語言的誘導；是面對巨大的文化差異性時人們本能的情緒，在沒有足夠的知識與實證情形下的白

日夢。離開了對人類的自信談論文化，便只能求助於神或者「外星人」了，離開了對人類各民族文化的相對主義理解，才會使人產生荒唐可笑的想法。

歷史上，當用西方基督教（天主教）文化塞滿腦袋的第一批遠航者來到新大陸時，他們簡直懷疑印第安人是不是人類。因為《聖經》告訴他們：上帝如何創世，如何保育人類，那上頭沒有皮膚棕紅的印第安人這一支。而瑪雅文化受到了進一步的評價，一位主教大人稱之為「魔鬼的勾當」，將上千卷瑪雅經書付之一炬，這才使瑪雅文明受到了致命的打擊。正是殖民者讓瑪雅文明在十六世紀以後數百年間真正地「消逝」了。

直到一八七五年，西班牙人安東尼‧德‧雷開始報導他的「新發現」，瑪雅文明才引起極大的反響。他考察了位於今墨西哥恰帕斯境內烏蘇馬辛塔河左岸的帕楞克古城遺址，「發現」了那些瑪雅先民的偉大傑作。在他之後，美國人約翰‧勞埃德‧斯帝文斯（John Lloyd Stephens）也遊歷了瑪雅地區，寫下引人入勝的遊記，掀起一股瑪雅熱。其實，在他們之前，還有一個叫莫德思托‧孟德斯的人，於一八四八年作了探險考察。他沒有獲得什麼結果，無功而返，因為傳說中的那座瑪雅城市蒂卡爾（Tikal）當時已被叢林、草莽、泥土所掩蓋。

中美洲熱帶叢林的覆蓋，草莽泥土的掩藏，這些並不是真正造成「消逝」而需要「發現」的原因。草木、泥土擋不住人們的慧眼，而來自文化的視盲症才最為有害。尤卡坦半島上最重要的現代城市梅里達（Merida），即墨西哥尤卡坦州府所在地，一五四二年建立殖民城市，是殖民擴張在瑪雅地區的中

心。梅里達的附近就有瑪雅古代最重要的幾座城市，包括瑪雅潘（Mayapan）、烏斯瑪爾（Uxmal）這樣赫亮的名字。然而，戴了眼罩的人們對於眼皮底下的文化成就並沒有多看一眼，聽任它沉睡數百年之久。

我們不難看出，對瑪雅文化重新燃起的熱情是伴隨著文化人類學的興起。只有到了十九世紀，人們才漸漸得到了新的文化眼光，人們才「發現」了瑪雅文明的價值。上述幾位西方探訪者正是在那個意義上，來到瑪雅的土地。

可以說，瑪雅的「發現」是一種眼光的「發現」。

我們已經在瑪雅發現什麼？我們還可以在瑪雅發現什麼？我們不僅僅是在瑪雅的廢墟裡找到了一些古文明的蹤跡，而是找到了人類文化中那種依靠人的內在力量去解決生存與發展課題的自信，找到了一種無論多麼「神祕」都始終堅持實證的思想武器這一信念的意義。不斷去「發現」瑪雅，就是要不斷地拋棄偏見、成見，也同時拋棄醉眼朦朧或瞑目玄想的臆見和幻視。與「發現」一詞相連的是「事實」。

謎一樣的消逝

瑪雅文明的「消逝」，不知怎麼會被誇張到這樣的程度。不僅「消逝」，而且要說「突然消失」、「謎一樣地消逝」，竭盡渲染、誇張、戲劇性之能事。

究其實，真正的瑪雅問題學者只是提出了一些再正常不過

的學術上的疑問。他們只是在研究的開始階段未曾充分占有考古資料、文獻資料的情況下，對瑪雅人輝煌的古典時期文明在十世紀時突然衰落感到興趣；一時並無確鑿的材料來說明古典期文明衰亡的原因，於是便提出了種種假設，同時也就有了「消逝」這種不確切的說法。

在人類文明的研究中，類似的現象可謂司空見慣，並沒有人大驚小怪。好比說，沒有人會賴皮似地追問周口店洞穴中的那一群北京猿人是否神祕地「消逝」了四、五十萬年，他們是否去外太空旅行後又返回，成了一萬八千年前的山頂洞人。如果這一例歸謬尚不足以令人服氣的話，那麼，我們可以說，文化遺址往往是有興有廢、有始有終的。考古學家在瑪雅南部地區若干遺址看到它們衰敗的跡象，可以有許多解釋，就是不可以有任何夢囈般違背事實的歪曲。真正的學人不會為了保持某種神祕性，為了追求讀者廉價的好奇心，而故意無視於日益清晰的事實去胡說八道，嘩眾取寵。

日益清晰地被揭示出來的考古事實表明，古典瑪雅文明在其鼎盛期之後，於九至十世紀迅速衰亡。這固然是一個重要的事件，但多少又被曲解了。衰亡僅僅發生在瑪雅南部地區，並不包括整個瑪雅文明在內。事實是瑪雅文明的重心北移了，當南部地區一大批文化中心沉寂之時，尤卡坦半島北部原野上卻展開了燦爛的文明場景。像著名的瑪雅潘、奇岑伊扎、烏斯馬爾等城市，繼續興盛了五百年，直到西班牙人入侵，真正給瑪雅古文明畫上句號為止。這個在北方存在的瑪雅文明就是學界所謂的「後古典期」。

可見，通常把所有瑪雅文化歷史都以南部低地的興衰史來解釋，是多麼嚴重的誤導呀！

或許是受了瑪雅文明消逝的影響，一些介紹不自覺地誇大了古典期瑪雅和後古典期瑪雅的差異，也就是早期所謂的古帝國和新帝國的區別。實際上，儘管十世紀以後的後古典期瑪雅文化帶上了來自墨西哥托爾特克（Toltec）入侵者的文化烙印，但瑪雅文化的連續性並不因為這點風格差異而有所變質。誠如我們在〈誰是瑪雅人〉一節中所指的那樣，整個中美地區的文化滲透非常普遍，一個嚴格的界限不僅難以硬性規定，而且也無此必要。否則我們反而會陷入概念化，忘記「瑪雅」無非是我們從數以百計的城市中心之一「瑪雅潘」借用過來，用以描述這一地區互相關聯的人種、語言和文化集團。

那麼，拋棄嚴格意義上的「消失」，多少有點兒來得突兀的「衰落」，其原因何在呢？

瑪雅地區農業狀況、地力衰竭的問題被提了出來。一塊土地用了數年後便不再有肥力，必須經常耕作，燒荒闢新田。當城市中心周圍可開墾的土地資源耗盡時，這個城市中心的好景便走到盡頭了。這個觀點卻無法解釋眾多城市幾乎同時的衰敗。也許是整個地區的氣候發生了不利於瑪雅農業的驟變，雜草瘋長，達到難以控制的程度。叢林日益向城市逼近，像沙漠吞噬綠洲一樣，毀壞了瑪雅人生存的基礎。或者是疫病流行，導致人口銳減，損壞了文化的元氣，也逼迫倖存者盡快逃離危險的故園。再或者是外部的威脅，如墨西哥中部居民侵犯，致使瑪雅人逃難而去，聽任自己繁榮的城市中心傾頹，甚至可能

直接由入侵者搗毀了瑪雅宗教建築，發生「犁庭掃穴」的大災變。也有人根據這種針對廟宇殿堂的破壞現象，認為瑪雅城市發生了內部紛爭—農民起義。原因是祭司貴族曾驅使大批農民建造新的大型宗教建築群，激起民變，農民們起而毀廟殺僧。祭司是古典期瑪雅宗教文化知識的祕傳團體，他們一死，紀念碑不再樹立，銘文不再刻寫，廟宇不再建造，於是這些瑪雅城市便呈現了「文化中斷」的敗落相。此說乍聽有理，卻難以確證農民起義是否符合瑪雅社會結構的情形，也難以解釋何以眾多的城市中心都先後同時暴發階級對抗。至於說考古過程中發現了建造了一半的廟宇群，以及前述廟宇毀壞嚴重，其他民用建築尚稱完好的現象，也可以做別樣說明。外族入侵同樣可導致這一後果，族屬之爭有時會變成雙方守護神的較量，戰勝者羞辱失敗者的崇拜物（包括崇拜場所），殺戮對方的神職人員——這非常可能。

　　外族入侵、農民起義、人口驟降、資源匱乏、地力衰竭、環境惡化、森林侵蝕、地震颶風、瘟疫流行……這些因素都可能發生作用。然而可能性與事實並不可等同而視。正是這不確定性，導致瑪雅文明衰落的研究中喜歡誇大某種因素的傾向出現。每根雞翎都被各自奉為令箭，幾乎每一種猜測都演化成根本原因了。其惡果是忽視了對多種可能性的實證綜合研究，反而鼓勵了缺乏歷史常識的空想家做「有獎競猜遊戲」的熱情，竟致把瑪雅「金字塔」想像成「外星人——瑪雅人」在地球上的「能量儲存器」。走火入魔！

　　這是不正確的研究方法論所得的惡果。只有當考古學家、

文化學家擺脫「給謎底一個答案」的誘惑，修正方法論，真正開始正視種種已知的事實，並不斷修訂瑪雅歷史的框架，那時才可能科學地把握「瑪雅之謎」的意義。

　　瑪雅古典期文明的衰落不是一個突發事件，儘管從粗略的年代學觀點看，千年一系之後在數十年內敗落顯得快了點兒。瑪雅文明的衰落在時間、地點上並不一致，它是一系列事件的過程，原因也是相互聯繫的。最合宜的謎底應該把外來滲透和內部壓力作為一個複雜連鎖反應的主要環節看待，變化就是這樣逐一地遞送到所有相關的部分。

　　至於說五百年後瑪雅文明又一次「消逝」，那純粹是語言騙局。西方殖民者對瑪雅人燦爛的文明不聞不問，甚至竭力扼殺，可憐的瑪雅人過於善良、弱小，不斷棄家而走，躲向叢林深處，這豈不就「消逝」了嗎？不是說最後一支瑪雅抵抗力量的據點，因「消逝」在密林深處，直到一六九七年才被殖民者征服嗎？這距佩德羅・德・阿爾瓦拉多上尉一五一九年入侵已近一百八十年了。殖民者關心的只是財富；除了黃金、土地、勞動力以外，他們並不在乎什麼瑪雅。於是，從十六世紀到十九世紀這段時間裡，似乎瑪雅又「消逝」了。

子虛烏有的帝國

　　人是唯一一種會被語言欺騙的動物。當人們把一些詞語重覆得次數一多，也就把詞語當成了事實。這個弱點在關於瑪雅

文明的傳說、介紹中表現得相當充分。

誤加在瑪雅文明頭上最不合適的一項帽子，大概就是「帝國」的頭銜。當初西班牙人想當然地把瑪雅世界看成（說成）一個統一的帝國，這是因為他們自己來自一個王權國家，把自己的社會組織結構想成瑪雅人也必然具有。假如說，阿茲台克人、印加人那裡還差不多像個帝國的模樣，那麼，瑪雅人實在不成帝國的體統。

且不說社會階段上的爭議，即瑪雅究竟是個奴隸制國家還是處於原始公社後期，單單以瑪雅四分五裂的軍事政治版圖上，就看不出帝國的影子。即便是最有希望成為帝國的十二世紀，那三個最主要的城邦瑪雅潘、烏斯馬爾、奇岑伊扎，也沒有走完從對抗到整合的通向大一統帝國之路。何況到了十四、五世紀，瑪雅文明已經漸趨式微，怎麼會給十六世紀初踏上新大陸這個神祕半島的西班牙殖民者造成強大帝國的印象呢？

西班牙人輕易命名，便直觀上造成後來者的成見。很長一段時間，「帝國」一詞以訛傳訛；甚至把瑪雅文明分為舊帝國和新帝國兩個時期，以九世紀末為界。這個學說也一直反映在用中文印行的關於瑪雅文明的介紹文字中。但最近幾十年來，特別是經過四、五十年代以來對瑪雅地區的大規模考古挖掘以後，學術界已漸漸拋棄了舊帝國、新帝國的劃分法，代之以較準確的四階段劃分：①形成期（公元前三〇〇〇至前一〇〇〇年起，公元三世紀止），②古典期（公元三至九世紀），③後古典期（公元十至十六世紀初），④西班牙征服時期。

在瑪雅歷史上，沒有埃及式的法老，沒有羅馬式的凱撒，

沒有任何形式的獨裁者在任何時期統治所有瑪雅人；各個城市中心之間是彼此獨立的。然而，他們又毫無疑問地都屬於瑪雅人的指稱範圍，共享同一種語言、同一種宗教、同一種文化。

著名的瑪雅研究專家莫利認為，瑪雅各城市之間的關係，大致類似於前六世紀至前二世紀的希臘城邦，斯巴達、雅典和科林斯之間的關係；或者是十三世紀至十六世紀期間的意大利城邦維也納、熱那亞和佛羅倫斯。也就是說，在文化上，它們是同一的，但是在政治上，它們是獨立的。

根據後古典時期的社會條件可以推斷，古典時期的瑪雅是由一些獨立的城市中心組成，它們之間的聯結方式可能是借助於一種鬆散的聯盟。這種建立在文化、語言、宗教連續性之上的政治連續性推想，在邏輯上是說得通的。

從考古證據來看，古典時期不同地區出土的雕塑、建築和陶製品，都存在細微的差別。有人認為，可以把這些現象同瑪雅人棄地休耕的傳統農業方式聯繫起來，從而提出這樣的假設：瑪雅人每間隔一段時間就必須集體遷移，尋找合適的新玉米地。由此推斷，所謂瑪雅人的帝國，實際上是同一群人在不同時期建立的若干聚居點的總和。

另一種說法將地區差異解釋為獨立的政治實體。這種觀點比前一種觀點普遍。在西班牙入侵之前，有三個主要的政治實體：奇岑伊扎、烏斯馬爾和瑪雅潘。而在古典時期，根據考古資料，似乎數量更多些；可以確定的至少有四處：（一）中心地帶，由瓜地馬拉的佩騰中北部、墨西哥南部和宏都拉斯組成，中心城市是蒂卡爾；（二）烏蘇馬辛塔河谷地，中心城市

可能是帕楞克；（三）東南部地區，中心城市是科潘；（四）西南部地區，主要政權所在地可能是托尼那。

人口的流動，甚至大規模遷徙，在歷史上都是常有的事。事實上，沒有一個地區是絕對封閉的。人種、語言、宗教、習俗、曆法、工藝以及其他文化因素，都處於不斷地交流、滲透過程之中。瑪雅潘在後古典時期曾經被北部遷移來的托爾特克人所占領，兩種文化在所有層次上進行過一次大雜交。撇開這些突發事件不談，美洲各地區之間發達的商貿往來也一定為文化傳播提供了方便之門。還有一種文化傳播形式是戰爭吞併，或強行的文化侵略，比如說在其他民族的宗教裡加上自己民族的神祇，強行推廣自己的語言。

總之，文化交流的方式很多。像中國文化，對周邊地區的的同化發生得太頻繁、太深刻了；如果一千年後某位「考古學家」在日本發現漢字、在朝鮮發現扇子、在新加坡發現中國式建築之後，真不知他會作何感想？更不用說中國本身就是一個民族大融合的歷史產物了。

但是相較於政治實體而言，文化實體的內聚力、連續性還是頑強得多。強權固然可以在一定程度上改變人種、改變語言、改變宗教，以混血、外來語、外來神的形式逐漸植根於文化之中，然而，一種在語言、文字、曆法、算術等方面比較發達的文化（如瑪雅文化），往往具有比政治同化更強的文化同化力量。正如恩格斯所說，較不發達的民族可以用武力征服較發達的民族，但入侵之後，他們往往會被後者的文化所征服。

當我們今天看到瑪雅文化留下的影子時，看到的是他們的

象形文字、他們的拱門建築。其他如金字塔神廟等，在美洲其他文化的聚居地也有發現。我們確實只能用一個文化學概念——瑪雅文化，或者一個民族學概念——瑪雅人，來形容這種獨特的文化和創造它的人民。我們如何能夠將一個前後生存了三千多年的文化，用政治學中一個最籠統的概念——帝國——來概括呢!?其當我們將瑪雅人視為古代美洲印第安人的一支，而不是將他們視為橫空出世的新大陸成員時，這種想當然的思路就更顯得簡單化了。

飛地・文化地理「馬賽克」

瑪雅世界在文化和語言上的分布都不是整齊劃一的相鄰地區的組合。和其他中美洲文化一樣，瑪雅世界存在於一種複雜的文化地理「馬賽克」（mosaic）中，文化認同感、語言親疏度完全不同的人群像七色板一樣，一塊一塊拼接在一起。這種特別的文化地理模式具有其特別的功用。

所謂「飛地」，就是指這種馬賽克布局中的一些小塊。它們是由一群群遠離自己文化的中心地帶，處身於其他文化傳統的領地包圍之中生活、工作的人們組成；猶如國中之國。

這種地理分布上的鑲嵌特點，當然有助於推動各種文化之間的交流。不過，「飛地」最首要的功用還是經濟上的。它能保證與其他地區特有的原始資料獲得接觸。比如，有機會深入另一地區的腹地，獲得那裡獨有的動植物、種植環境、適宜氣

候或鹽場；甚至可以通過飛地，接觸到遙遠的市場。這實在是一種生態性的分布策略。

由於這個對大家都有好處的共用規則，中美洲普遍存在這種現象。公元七世紀時，蒂卡爾（Tikal）曾經去干預道斯皮拉斯（Dos Pilas）的內政。但是這並不意味著它控制了兩國間的過渡地帶。中美洲最大的政治實體，阿茲台克人建立的帝國，居然也允許在它的心臟地帶存在一個與它對立的特拉西卡蘭（Tlaxcalan）城邦。此外，中美洲關於領土的觀念，並不強調排外性。像我們在歷史上其他地方常見的那種文化分布形態，擁有同一種語言、文化、政治傾向的民族形成鐵板一塊的聚合分布，在這裡卻不常見。

當然，瑪雅文化以這種形態與周圍文化共融，在政治、軍事上也有其特殊的作用。瑪雅歷史上並未形成過統一、高度集權的帝國，而始終是以文化的嚴密聚合體和政治的鬆散聯合體面目出現。最繁榮的幾個階段也只是幾個發達的城市中心的政治聯盟。文化在地域上的分散性也許是原因之一。不過，另一方面，「飛地機制」也對瑪雅社會的穩定、發展起了促進作用。瑪雅貴族在很大的程度上依賴於同其他統治群體的密切關係，以此來鞏固其統治與權威，保證他們的王權不致旁落，徽號得以傳承；當然，還通過這種密切關係解決聯姻的問題，組成姻親聯盟。

飛地還是國家一些重要政治活動的關鍵。政治領域可能會經常以群島的形式出現。由統治中心向外伸出許多聯結，深入其他政治實體的內部。飛地猶如圍棋中的飛子，它所產生的勢

遠遠大於這個單子兒本身。另外，瑪雅商人可能還是軍事諜報的主要來源。就像中國的戰國時期一樣，有時，商人所起的作用關乎興亡絕續。

飛地在邊界領域存在文化、語言的尖銳對比。這種現象不僅存在於瑪雅世界內部不同群體之間，同樣也存於瑪雅世界與中美洲其他文化之間。飛地本身可能是一個大的社區，也可能只是幾戶人家而已。瑪雅人種植玉米，但因為當地土地、森林資源的特點，有時會有必要遠離自己的村鎮去開墾新地。如果那裡的地碰巧合適，他可能會舉家遷居異地。這種天高任鳥飛的感覺也許會令現代人非常嚮往。

然而，歐洲入侵者的嚮往似乎並不局限於感覺。他們先是懵懵懂懂地如入迷宮，不斷與各支印第安人遭遇，逐漸開始摸清這種馬賽克分布的機制。

瑪雅世界所經受的毀滅性打擊也就是從飛地開始的。殖民者採用入鄉隨俗的辦法，借鑑於中美洲本土的歷史經驗，以飛地滲透外部勢力。瑪雅世界主體的殞滅固然有許多因素造成，但是飛地對外部滲透的開放也是原因之一。

羽蛇神是否中國龍

瑪雅人奉若神明、且奉為重要神明的羽蛇神，在頭形、身形及藝術表現手法（如雲紋、彎鬚）上，與中國的龍有相像之處。許多到過瑪雅遺址的中國人，都驚異於這種相似性。在墨

西哥、瓜地馬拉，甚至於在歐美國家的一些學者中間，也廣泛流傳著類似的猜測。那麼，羽蛇神到底是不是中國龍呢？

羽蛇神的名字叫庫庫爾坎（Kukulcan），是瑪雅人心目中帶來雨季，與播種、收穫、五穀豐登有關的神祇。事實上，它是一個舶來品，是在托爾特克（Toltec）人統治瑪雅城時帶來的北方神祇。中美洲各民族普遍信奉這種羽蛇神。

羽蛇神在瑪雅文化中的地位可以從許多方面觀察到。古典時期，瑪雅「真人」所持的權杖，一端為精緻的小人形，中間為小人的一條腿化作蛇身，另一端為一顆蛇頭。到了後古典時期，出現了多種變形，但基本形態完全改變了，成為上部羽扇形、中間蛇身、下部蛇頭的羽蛇神形象。

羽蛇神與雨季同來，而雨季又與瑪雅人種玉米的時間相重合。因而羽蛇神又成為瑪雅農人最崇敬的神祇。在現今留存的最大的瑪雅古城奇岑—伊扎中，有一座以羽蛇神庫庫爾坎命名的金字塔。在金字塔北面，兩底角雕有兩個蛇頭。每年春分、秋分兩天太陽落山時，可以看到蛇頭投射在地上的影子與許多個三角形連套在一起，成為一條動感很強的飛蛇，象徵著在這兩天羽蛇神降臨和飛升。據說，只有這兩天裡才能看到這一奇景。所以，現在它已成為墨西哥一個著名的旅遊景點。而在當年，瑪雅人可以借助於這種將天文學與建築工藝精湛地融合在一起的直觀景致，準確地把握農時；與此同時，也準確地把握崇拜羽蛇神的時機。

羽蛇神的形象還可以在瑪雅遺址中著名的博南帕克畫廊等處看到。要說它的形象，與中國人發明的牛頭鹿角、蛇身魚

鱗、虎爪長鬚，能騰雲駕霧的龍，還著實有幾分相像。起碼在蛇身主體加騰飛之勢（羽蛇的羽毛）的基本組合上是一致的；此外，如畫廊一室屋頂上畫的羽蛇頭、瑪雅祭司所持雙頭棍上的蛇頭雕刻，與龍頭也有較大的類似；而且，羽蛇神和中國龍崇拜都與祈雨有關。

有人說，瑪雅人的羽蛇神是殷商時期的中國人帶過去的中國龍。如果這種說法成立，那麼其中所說的瑪雅人，首先應該改成中美洲人。因為，中美洲的許多民族都有對羽蛇神的崇拜；而且，與中國龍有關的雨水紋圖案也可以在中美洲許多國家和地區的古蹟中發現。

然而，要證明中國龍與中美洲羽蛇神的傳播、吸收關係，難免有很多牽強之處。確實，有人猜測，中國人早在哥倫布到達美洲之前數百年就已經「發現了新大陸」。但是，中國在五、六千年前就有了龍這種想像出來的動物圖案（這一點已為考古發現所證實），而瑪雅、或中墨西哥及其他中美洲地區的羽蛇神崇拜也早於這個所謂的「發現」時間。（「發現」一說尚有待證實，而且，即使此說成立，大概也是在十二世紀。）即使中國與大洋彼岸的美洲很早就有洲際文化交流，然而，文化使者的數量一定不會很多，文化交流的效果也只會限於文化的較淺層。像托爾特克人那樣通過反客為主，將自己的神強加給瑪雅人的事，恐怕不會發生在登陸的中國人身上。

有些西方學者非常希望在美洲、東南亞，甚至歐洲各文明之間找出一種一脈相承的一統關係；甚至任想像力隨意馳騁，不惜將大陸板塊漂移、跨洋航海交流，甚至怪力亂神的指點山

河等等不是一個層次的問題扯到一起，欲證明一些文明間的相似有著深層而精緻的根源。這種一覽寰宇小的普遍聯繫傾向也許發端於人們喜歡將知識片段羅織成網、聯成體系的自然願望。但是，如果我們著眼於古代中美洲各文化之間的相互影響、相互關聯，如果我們將神祕而遙遠的古代瑪雅文明放到它實實在在的地理、歷史、文化環境中去，同時，也把中國龍觀念自身的形成、發展、演變過程放到中國歷史文化的真實背景中去，那麼，這種純粹由一種表面相似和傳播猜想所組成的觀點，恐怕很難站得住腳——我們不能簡單地在羽蛇神和中國龍之間劃上等號。

歐亞大陸和美洲大陸的聯結確實有許多誘人的發現。其中包括比海上往來更確鑿（已有大量考古發現和人類學研究的證實）、更有趣的陸路交通；也就是從亞洲通過白令海峽（海平面較低時，這條通道是寬暢的陸路）到達美洲之路。美洲印第安人很可能是蒙古高原上的一支向東遷徙而形成的。然而，這個過程應該在上萬年甚至幾萬年前。以中國華北地區為中心的中國龍故鄉與羽蛇神的「統治」區域，可能在更遠古的時候來自同一個文化源頭。

文化是不斷在交織、變化中的，然而，有一些根本的、原始的元素卻會以種種變化了的形式保存下來。羽蛇神羽扇作尾，保留蛇身本形；而中國龍在蛇身這個基本形態之上又添加了那麼多特異功能，幾乎把動物界飛禽、走獸、游魚的特長集於一身。這兩種被崇拜的象徵性動物當然不是一碼事。中美洲各地現在都有羽蛇神崇拜，但是這種羽蛇形態的最早發祥地卻

難以考證了。中國人現在於世界各地舞龍雕龍，聲稱自己是龍的子孫。可是，回想一下中國五千年歷史上幾朝改天換地、不斷民族融合的過程，這龍在人們心目中的地位、這龍崇拜本身，都是一個不斷形成、演變的過程。這兩種崇拜形象除了在蛇身（瑪雅人從古典時期開始就崇拜蛇神）這一點上相同以外，實在是各有各的特徵，風馬牛不相及。

　　這個蛇身的基本相似點確實引起人們對兩種文化淵源的思考；只是，這種思考不應被簡單化的聯結引入歧途，不應導致草率的等式。

　　說到蛇，另一個賦予它重要意義的文化就是聖經文化：小到希伯來文化，大到基督教文化。若給羽蛇神和中國龍有相似關係加上這隻角，構成一個概念和地域文化上的大三角形，它們所引發的思考一定會更豐富吧！也許人類對蛇這種防不勝防的無聲突襲者懷有普遍的恐懼。這種恐懼起源極早，而且深深植根於人類的集體無意識之中。又或許歐亞、美洲各地的早期人類確實在遠古時代發源於同一類文化，保留著類似的文化憶痕。又或許這些全然只是一種文化上的巧合；畢竟這些蛇形都不是各自文化的全部，而僅僅只是一個小側面。

　　文化的表象真是太有趣了。它不僅處處體現了人儘量解放自己、為自己獲利的過程，也處處體現了人儘量限制自己、為自己設置障礙的過程。有勞動力的開掘和解放，也有勞動力的重新分配和消耗。與此同時，文化還製造出那麼多特殊的符號和象徵。它們既是對原始記憶的複寫，又是對文化潛意識的建設。也正是因為這些特殊形象的重要文化地位與文化功用，所

以，當我們在地域上如此遙遙相隔的文化中看到它們的相似性時，才會那麼驚奇和激動；而能否在它們之間發現某種聯結，這個問題才會對我們變得如此重要。

羽蛇神不是中國龍，也更不會是聖經中撒旦的化身。但是這三者確實都是蛇的變體，又確實都從最初就在各自的文化中扮演了極其重要的文化角色。單憑這一點，就發人深思。不過，猜測不等於事實，相似僅供啟發。

瑪雅—中國文化連續體

著名的人類學家張光直先生曾經提出過一個「瑪雅——中國文化連續體」的假設。在談這一文化聯繫時，他提到了「亞」形問題。「亞」形在中國文化中有很重要的象徵意義。明堂宗廟的平面圖即為此形；殷墟墓坑的平面圖亦為此形。但是，金文中亞字有兩種形式，一為方形缺四角，另一為左右上下中五個方塊合成十字架形。這兩種形狀孰先孰後，關係到對這個符號的解釋。

張光直先生不知怎麼產生到新大陸史前考古中尋找旁證的靈感。他發現中美洲的瑪雅等文明也有「亞」形符號，並且這個符號是由方形四角加四株「宇宙之樹」內凹而成。由此他想到，作為天地溝通場所的宗廟明堂，也是在四隅象徵性地標誌通天神木，從而使方隅內凹成「亞」形。

不過，張先生並沒有將這種文化連續體定義為前後相繼，

而是認為它們很可能源於同一種祖型文化。

　　隨著瑪雅研究的深入和世界對中國的日益了解，這種連續體假說越來越不像捕風捉影。我們當然不是要在中國文化和瑪雅文化之間的相似之處劃等號，更不想用「洋際文化交流」這種草率而不合邏輯的胡亂聯繫來解釋早期文明的相似。所謂文化連續體的思考，是要將這兩種遙遙相隔的文明放到人類演進歷程的更大時間跨度中，將文明的源頭引向人類的祖源。

　　長期以來，史學家輕易地同意：我們人類的所有人種全部來源於非洲。直立猿人於距今約一百萬年前離開非洲，在溫帶地區建立了若干個聚居點。這些最初分散的人群最後都或遲或早地演化為蒙古人種、尼格羅人種和歐羅巴人種。但是，這個直觀明了的框架遭到來自史前考古領域的多次挑戰；而且這一百萬年至世界文明發祥期的數萬年之間，還有那麼廣大的空白需要填補。於是，從文明發祥時期向上推溯，成為另一條有效的研究路線。

　　瑪雅文明是古代美洲最先進、最完善的新石器文明。迄今為止，在美洲只發現了舊石器晚期以後的人類活動痕跡。比較一致的觀點是認為美洲人類來自他方。那麼，他們是從何方、又是於何時遷徙來的呢？一說是從歐洲而來，但缺乏有力的依據。舊石器時代晚期，北部通道格陵蘭島被大面積的冰川所覆蓋，人類無法選擇這條通路。由歐洲通向亞洲的必經之地裏海也因發生海侵而面積增大，從而隔斷歐亞，令人無法跨越這片水域。

　　另一說是從亞洲而來，通道是現在美、亞之間寬度僅九十

公里的白令海峽。三萬五千年前，海平面曾一度下降，水深只有近四十米的白令海峽露出海底，成為寬達一千五百多公里的陸地，在古地理學上稱作「白令及亞」。之後海平面回升過。但在二萬五千年至一萬二千年前的那段時間裡，海平面下降再度達到了開通這條通道的效果。這樣一個寬暢的通道完全可能是第一批踏上美洲大陸的人類所走過的路。

從中國華北向東北延伸，通過白令海峽，直至北美，在這樣一個區域廣泛發現一種共同的舊石器期工具——楔形石核。這種石核可能產生於更早的兩極石核，也是製造石片的用具。這種工藝在中國華北有很長的發展過程，可上溯至大約三萬年前。而沿著這條路線，愈向東走，這種石核出現的時間越晚。與其說這是技術交流的結果（事實上這種可能性很小），不如說這是某一支人類帶著這種技術向東遷徙的結果。

中國人屬於較典型的蒙古人種，也就是「黃色人種」：黑髮，粗而且直；體毛很少。幼兒臀部有骶部色素斑（蒙古斑），在中國有些地區俗稱「青屁股」。眼裂較狹，而且多數人具有位於眼內角的內眥皺裂。蒙古人種現在分布於西伯利亞、蒙古、東亞、南亞，以及太平洋群島等地。還有一個重要分布區就是美洲。美洲印第安人雖然有較大的變異，但仍可認為與蒙古人種為同一群類。就瑪雅人而言，不僅擁有內眥皺裂、幼年骶部色斑、體毛較少等蒙古人種的獨有特徵，而且瑪雅人與中國人的掌紋線極為近似。

因此，從人種學、人類學的角度來看，中國與瑪雅擁有同祖的可能性確實存在。然而，那畢竟是在一萬年前、甚至更久

遠年代裡共有的源頭。相比較於中國五千年文明和瑪雅三千年文化，實在也還有各自的跨度。在中間這若干千年間，兩種文化的產生可能經歷了截然不同的發展軌跡。我們只能說，它們可能都保留了某些最根本的文化元素和文化憶痕。

伯仲新大陸

當哥倫布自稱發現美洲新大陸時，美洲印第安人早已在這片土地上生活了千萬年。當來自西班牙的入侵者自稱在把文明播撒到這些「野蠻人」中間時，他們焚燒、摧毀了這裡長期以來建立的有序文化，殘殺、奴役著這些創造了燦爛文明的印第安人後裔。

在西班牙人眼裡，瑪雅人和其他美洲民族一樣，都是信邪教的魔鬼。用外來文化的眼光判斷，總是掛一漏萬或因自負而歪曲醜化。這也是文化內聚力和自我肯定功能的一種表現。

所以，我們不妨將瑪雅文化同與之共處於美洲大陸的另兩個文化相比較，據此來做出一個較為公正的判別。我們選取的祕魯印加（Inca）文化（位於南美洲）和墨西哥阿茲特克（Atztec）文化（處於中墨西哥高原地區），都是發展程度相對較高的古代美洲文明。從比較中，我們可以直觀地了解瑪雅文化。

在建築方面，瑪雅人無可爭議地列於首位。瑪雅建築規模龐大，設計複雜，裝飾精美。在這些方面，其他文化無法與之

爭勝。印加文化的巨石藝術確實在切割的精確性方面（數噸重的巨石堆壘整齊劃一）略勝一籌。但是，瑪雅建築在總體上的優勢仍很明顯。阿茲特克人的金字塔特別壯觀，比如聖・胡安・提提華坎（San Juan Teotihuacan）的日、月和主神金字塔。然而，其總體觀感笨重、平淡，缺少裝飾，缺少品位，自然無法與瑪雅相比。

不過，在公路修建方面，印加人顯然比瑪雅人高明。瑪雅人是用石塊鋪路，表面鋪的是經水和壓力作用處理過而變硬的石灰石。而印加人用磚塊砌成的公路，綿延於高聳的安第斯山上，實在是一項工程傑作。相比之下，瑪雅人在平原上建的道路就很沒水準了。

雕刻方面，瑪雅人的成就引人注目。在這個領域內，他們是無人可比的。與瑪雅浮雕的典雅、圓紋雕刻的精緻相比，印加、阿茲特克、托爾特克等地的雕刻根本不是一個檔次，不在一個級別。這只要看一看瑪雅石碑即可瞭然。雖然有許多缺損之處，但構圖巧妙、勻稱，凸紋深刻、圓滑，與其他地區雕刻作品的平淡無奇相差懸殊。

然而，在陶藝方面，瑪雅人就要輸於其他兩家了。無論是阿茲特克人，還是古代印加人，都燒製出了非常出色的彩陶，總體上曾優於瑪雅陶器。不過，瑪雅人製造的一些最成功的作品卻堪稱古代美洲陶藝製品的上乘之作。尤其是那座著名的「跳舞者」，其優美的體態，獨具風格的手、腳部處理，被譽為達到了無與倫比的藝術頂峰。

古代美洲最精美的紡織品出自祕魯的納斯卡（Nasca）文

化。瑪雅古典時期的紡織水平，從理論上講，至少與之相仿。在瑪雅石碑上可以見到繡製繁複的纖維織品。可惜的是，尚未發掘出實物。草編製品，瑪雅人留存的也很少，不足以與其他文化比較。

瑪雅人的繪畫是又一個長處：可證之於壁畫、彩繪的陶器、象形文字手稿和圖譜，尤其是那樣不厭其煩、細心繪製的花瓶圖案。

寶石加工是瑪雅人可以令他族相形見絀的又一優勢領域，主要是對諸如石水晶、黑曜岩等較硬石塊的切割和拋光。不過，瑪雅人的優勢只是對印加文化區而言；與中墨西哥的阿茲特克人相比，還稍遜一籌。只有在玉石加工方面，瑪雅人還有自己的驕傲，他們留下了許多玉牌、玉面具、玉掛件。但是阿茲特克人留下的作品規格更大，所用的石種也更多。他們還有許多鑲嵌藝術品，用總重量達三十磅的大量玉石、黑曜岩、玉髓、斑岩以及其他硬石塊鑲嵌成大型作品，顯示出嫻熟高超的技藝。如此規格的精工細作，在瑪雅遺址中未曾發現。也許它們曾經在瑪雅歷史上出現過，但無從查考。

羽毛粘貼、羽編裝飾是美洲印第安人中流行的一種工藝。在這方面，阿茲特克人又處於領先的地位，瑪雅、印加人次之。當年西班牙入侵者科爾特斯從墨西哥帶回本國的貴重「戰利品」中，有一頂頭飾非常引人注目。它是用六百根克沙爾鳥的尾羽製成，碧綠閃亮。還有祭司所穿的一件長袍、一塊臂章，都是用蜂鳥羽毛精工拼貼而成。現在都存於維也納的帝國博物館。而瑪雅人的羽毛飾物，雖然在大量保存下來的石雕上

可以看到它們的影子，但是實物卻絲毫沒有保存下來。

　　古代瑪雅人在金屬製造方面非常落伍。事實上，在古典時期，他們甚至於根本不知金屬為何物。即使到了後古典時期，金屬製造也僅僅局限於簡單的敲打、壓凸面紋及掐絲工藝。這一落後局面主要應歸因於瑪雅地區金屬天然礦藏的缺少。

　　中黑西哥、哥斯達黎加、巴拿馬及哥倫比亞地區的金飾品、金製塑像不僅數量多，而且很有藝術價值。在這方面，瑪雅人是望塵莫及的。

　　上述這些文化成就，範圍遍及建築、道路、雕刻、陶藝、寶石加工、羽製品、金屬製品、黃金加工等等，大到城市規劃，小到日常飾件。它們共有的特點是具體、可見，與人們的物質生活密不可分。

　　瑪雅人的才華似乎大多表現在石頭或與石頭有關的方面，比如建築、雕刻等等。而那些質地易碎、易磨損的東西，留存極少，因而也難以判斷。另外據查，新時期的瑪雅社會中，與周邊各文化間的通商往來已較普遍。因而這類小玩藝兒的流通應該也沒有什麼問題。

　　然而，如果我們著眼於抽象的智慧成就，比如文字、天文學、數學、曆法的發展，史事的記載，瑪雅人在這些方面是絕對鶴立雞群的。是他們發明了「新大陸」的文字。阿茲特克人，以及其他中墨西哥民族的文字體系都步其後塵，甚至可以說，是對瑪雅文字的模仿。印加人採用彩繩打結的方法幫助記憶、進行計算。這種方式同瑪雅象形文字相比，實在是太粗糙、太原始了。

在天文學領域，瑪雅人比托勒密時代前的埃及人還要高明；阿茲特克等其他美洲文化無法望其項背，根本沒能達到他們的精確度。在數學方面，瑪雅人更是功不可沒了。他們發展出人類最早的算術進位系統，其中包含零的概念。這是人類歷史上最輝煌的業績之一。

瑪雅人的歷史典籍紀錄雖然一本也沒留存下來，但我們在《奇蘭・巴蘭》中還是可以看到它們的抄件。留存下來的大量石碑雖然到九世紀時突然終斷了記錄，但作為一種記事方式，它們還是向我們見證了瑪雅人進行精確紀年記錄的事實。所有的早期西班牙歷史學家也都一致認為，瑪雅人確實有自己的歷史記錄。

最後，在社會組織、政體建設方面，瑪雅人不如印加，甚至也不如阿茲特克。印加的行政體系是一個真正政治意義上的帝國，有一個至尊無上的獨裁統治者。而瑪雅的古典時期，沒有一個統治者或一個城邦曾經統領過所有瑪雅人。然而，有資料表明，瑪雅潘的考科姆家族曾經在後古典時期末期擁有一定程度的凌駕地位。

我們將瑪雅文化同與之毗鄰的其他美洲文化相比較，希望在找出瑪雅文明真正偉大之處的同時，將瑪雅人從神話傳說的主角還原為新大陸上現實存在過的一個民族。瑪雅人在物質文化、精神文化領域裡的偉大成就，尤其是勝過古埃及、古巴比倫的天文學成就，同他們刀耕火種的農業生產水平、新石器特徵的工具水準相對而言，確實如他們留下來的那些石城一樣，輝宏而且精美！

對瑪雅知之愈深，我們就愈是熱中於它那些與我們的文化傳統區別巨大的鴻溝。瑪雅人的文化，他們的哲學，他們的世界觀（時間和空間、物理世界和超自然宇宙）都是連續的，也就是說他們把現實與非現實的一切方面都看成一個完整整體的各個不同側面。瑪雅人認定的「現實」包括了我們認為「非現實」的部分。說到底，有個民族竟然發明了一個與我們自己的體系完全不同而又同樣、甚至更為深奧的信仰體系，這不能不說是一件非常困難的智慧工程！但他們做到了。

如果說有什麼超出了浪漫神奇的魅力之外的東西需要我們去關注，那就是瑪雅民族所創造的複雜精緻的文化隱喻體系；它給我們提供了遠比淺薄的神秘感所能提供的更為強勁的智力上的刺激。

瑪雅文明有其自身與眾不同的風格、體制、結構和發展史，它們自成一格，自足而圓滿。即使僅僅是對瑪雅文明做本書這樣一次簡單的考察，也已經足以改善我們對我們自己和其他文化的理解。

直到今天，我們對中美洲這個悠久燦爛的文明之了解還依然是極為有限。儘管專家們已經把數萬座金字塔記錄在案，已經發現了一百多個城市遺址，但是，對於這地形複雜、叢林幽深的幾十萬平方公里廣袤土地的文化空間容量來說，可能還僅僅是淺嘗初嘗。即使在最充分研究過的地點，人們的眼光也是過分專注於那些最宏大、最吸引人的所在。考古發掘專家和文化學者還有相當長的一段路要走。

在最終破譯瑪雅之謎前，它的浪漫與神奇還將陪伴著我們。甚至可以說，等到真正揭開它的神秘面紗之時，瑪雅文化可能向人們展示更加耀眼奪目、驚心動魄的人類智慧之光芒！

〈全書終〉

國家圖書館出版品預行編目資料

瑪雅的智慧，林大雄 著 -- 初版 --
新北市：新視野 New Vision, 2019.07
　　面；　公分 --
　　ISBN　978-986-97840-0-9（平裝）
1. 馬雅文化　2. 文明史

754.3　　　　　　　　　　　　　108008160

瑪雅的智慧

林大雄　著

主　　編　顧曉鳴
企　　劃　林郁工作室
出　　版　新視野 New Vision
責　　編　林郁、周向潮
　　　　　電話：(02) 8666-5711
　　　　　傳真：(02) 8666-5833
　　　　　E-mail：service@xcsbook.com.tw

印前作業　菩薩蠻數位文化有限公司
印　　刷　福霖印刷有限公司

總 經 銷　聯合發行股份有限公司
　　　　　新北市新店區寶橋路 235 巷 6 弄 6 號 2F
　　　　　電話 02-2917-8022
　　　　　傳真 02-2915-6275

初　　版　2019 年 09 月